平和への道

庭野日敬

扉の題字は著者
装幀　難波淳郎

はしがき

わたしの一生を決定したのは、青年時代に法華経に遇《あ》いえたことでありました。前半生において、わたしは法華経信仰の普及に明け暮れました。後半生にいたって、その活動に社会性の色を濃くし、世界的なひろがりを加えるようになりました。

会員の皆さんの中には、近年、わたしが平和運動に本腰を入れるようになったことに、ある戸惑いをおぼえている人があるかもしれません。そういう人たちのために、ぜひ一言したいことは、法華経こそは世界平和・人類救済の教えであって、わたしが前半生に布教に専念したのも、後半生に平和活動に献身するようになったのも、意義において、ぜんぜん変わるところはなく、法華経行者として当然の成り行きであるということです。

そこで、第一回の世界宗教者平和会議を成功裏に終え、さらに新しい歩みを力強く踏み出しているこの時点において、皆さんがたに法華経の深遠な平和思想をあらためて認識していただき、しっかりした理解と信念の上に立って今後の活動を進めていただきたいという念願から、本書の発刊を意図しました。

平和に向けての研究所は世界の二十ヵ国に百ぐらいあるといわれ、世界的規模で平和活動を行ないつつある組織は千五百にものぼるといわれるほど、地球上の心ある人という人は、すべてこの問題に心魂を傾けているのです。それなのに、世界最高の平和思想である法華経の信奉者が、安閑と腕をこまねいていていいものでしょうか。

わたしは政治・軍事・外交・国際問題などの専門家ではありません。しかし「平和には専門家はない」と飯坂良明《いいさかよしあき》教授(学習院大学)がいわれた言葉に力づけられ、宗教家としての立場から平和を考え、平和を希求し、平和を訴えたい、と意図した次第です。

わたしが世界平和に向けての活動に強力に取り組むようになって以来、〝平和とはそもそも何か〟〝平和に向けて、宗教者はどのような活動をすべきなのだろうか〟といった質問が、多くの会員の方々から寄せられています。「世界宗教者平和会議」の開催で、そうした関心と熱意は頂点に達しました。わたしは本会の機関誌紙を通じ、大聖堂や地方における大会の講演を通じ、ときには一般のマスコミの紙上を通じても、それらの質問に答え、心情を吐露し、皆さま方の協力をもあわせて訴えてまいりました。

本書は、それらも含め、〝平和〟に関するわたしの気持ちや願いを、一冊にまとめたものということができます。

本書は、全体の構成を大別して、次の三つに分けることができると思います。

まず第一は、〝平和とは何か〟を考え、その理念を仏教、なかんずく『法華経』に求めた文証の部分です。『法華経』については、すでに『法華経の新しい解釈』や『新釈法華三部経』を刊行しておりますので、部分的な重複もあると思いますが、直接、平和に結びつけ、平和という観点から『法華経』並びに仏教全般を見詰めて、これを解明したものは、本書をおいてありません。どうか、その点をしっかり腹において、お読み頂きたいと思います。

第二は、宗教協力の理念から出発して、平和活動をどのように進めてきたか、また、現に進めているか、の部分です。宗教協力の精神は本会創立以来のものであり、それが平和活動にどう結びつき、どのようにして「世界宗教者平和会議」へ発展していったか、さらに、その活動を継続し、発展させ、充実していくために、どのような活動をしているかをまとめました。

「世界宗教者平和会議」前後の活動については、これまでにも、そのつど機関誌紙が報道していますが、古い会員の方々は、本書を通じてそれらを一貫してながめ、現時点における自覚をあらためて深くしていただきたいと思います。また、新しい会員の方々は、新鮮な気持ちで、具体的な平和活動のあり方をつかんでいただきたいと思います。

最後の第三の部分は、第一と第二の部分をふまえて、現実の場で、どのように平和を咀《そ》嚼《しゃく》し、平和活動に取り組むべきかを、具体的に示したものです。これまで「〝平和〟の大切なことは、よくわかるが、では、いったい平和のために自分が何をしたらよいのかがわからない」といった声を、よく耳にしました。世界平和という問題は、仏道修行の最終目標である〝成仏〟と同様、あまりにも大きく、あまりにも遠く、ひとりひとりの小さな力ではどうにもならない問題のように感じられがちだったように思います。しかし、小さな力の結集こそ、大きな問題を解決するものであり、遠い道であればこそ、一歩一歩の前進が大切なのです。
本書の発刊の意義は、この、いわば〝実践項目〟ともいうべき第三の部分に、より大きなウエートがあるといえましょう。しっかりと身につけて、日ごろの実践に生かして頂きたいと思います。

本書は、平和という、いかにも大きく、また、ややもすれば観念的、抽象的になり易い問題を、できるだけわかり易く、そして身近な問題として皆さんに受け止めてもらうことを意図しました。そのため、これまでのわたしの著書とは編集のスタイルを変えて、質問に対する回答の形をとりました。全体を七章に分けてありますが、質問の選び方や配列も、これまで会員の方々から寄せられた質問を中心にして、日常必携《ひっけい》の手引きとなるようまとめました。

わたしは、平和のために生き、平和のために死ぬことを覚悟としています。どうか皆さんも、わたしの熱意をくんで、こぞって協力して頂きたいのです。この書が、その協力の精神的基盤となることができれば、幸いこれに過ぎるものはありません。

終わりに、世界平和に向ける活動のなかで同志的協力関係にある方々の中から、とくに推薦《すいせん》のことばを頂いたユージン・C・ブレイク博士、ポール・マレラ枢機卿《すうききょう》、デイナ・M・グリーリー博士に、深甚の感謝を表明させて頂きます。

昭和四十七年四月

庭野日敬

推薦のことば

本書の精神を生かせ

ユージン・C・ブレイク

世界は、ますます相互に依存しあう状態になってきている。科学技術の長足の進歩が、われわれ人類のすべてを、一つの〝世界共同体〟へと結びつけている。

過去においては、平和に対する宗教の関係は、ごくあいまいなものであった。一方では、すべての宗教の聖なる人びとは、一様に平和を愛する人びとであった。しかし、他方では、多くの教団が必ずしも平和を守る立場には立たず、むしろ、戦争をひきおこしたり、交戦国の一方に荷担する傾向すらあった。

そうした過去の歴史をふまえて、今日の宗教者の活動がどうあらねばならないかを説かれたのが、庭野師の手になる本書の重要な点である。

「世界宗教者平和会議」で活動をともにした庭野師の、平和への情熱に敬意を表しつつ、本書の精神が、多くの人びとによって生かされることを祈りたい。

（前・世界教会協議会事務総長）

多くの人の熟読を

ポール・マレラ

柔和な人たちは、さいわいである。
義に飢え渇《かわ》いている人たちは、さいわいである。
あわれみ深い人たちは、さいわいである。

平和をつくりだす人たちは、さいわいである。
義のために迫害されてきた人たちは、さいわいである。

（マタイ伝　第五章・五〜十節）

キリストの至福のことばのうち、この五つは、今日、平和のために活動する人の精神力をあらわしている。聖パウロが「平和に役立つことや、互いの徳を高めることを、追い求めようではないか」（ロマ書　第十四章・十九節）と述べたのは、まさに宗教に立脚してのことばである。

〝義のために迫害されてきた人たちは、さいわいである〟の一句は、犠牲なしには、世界に平和がゆきわたらないことを強く叫んだものである。

平和は正義を前提とし、正義は迫害を前提とする。しかし、その迫害の中にあっても人びとは、幸福の源《みなもと》を見いだしてきたし、また、これからも見いだしていくだろう。なぜなら〝神の国は彼らのもの〟であるからである。

正義のための苦難は、永遠なるものへの関連だけでない何かをもっている。つまり、その人がもっている最良のものを、この世の多くの人びとに与えたということへの現世的な満足が感じられるということである。世界の人びとが、本来は、みんな兄弟なのだという心を人びとにもたせ、それによって、人びとを幸福の道へと導き入れたことに、大きな充足感を味わえるということである。

教皇パウロ六世が、一九七一年の〝平和の日〟のために書かれた〝すべての人びとは、わたしの兄弟である〟ということばは、こうした気持ちからであり、また、それに向かってのチャレンジ（はたらきかけ）である。

教皇は、このことばが教皇ご自身の生涯《しょうがい》を言いあらわしたものであり、教皇こそ、実は真の平和活動家であることを、わたしたちに印象づけられている。

平和な心をもっている人びとのみが、平和な世界をつくりだすことができる。人間同士の間の平和がなければ、人間と神の間の平和もありえないのである。

善意ある、すべての人びとが、平和の活動にともなう苦難にすすんで耐えうるようにと願うのが、わたしの毎日の祈りである。

敬愛する庭野師の、この〝平和の書〟を熟読することによって、ひとりでも多くの人びとが、真の平和活動に立ち上がることを願ってやまない。

（枢機卿《すうきけい》）

平和への実践の指針

デイナ・M・グリーリー

本書を多くの人びとに推薦《すいせん》し、著者の献身と英知に祝意を述べられることは光栄である。

庭野師が、立正佼成会四百万会員のみでなく、真理を愛し、平和を求める世界中の人びとにとっても偉大な指導者であることは、わたしがあえて申すまでもないことであろう。

庭野師は、今日、人類がもっとも必要としている兄弟愛、平和、相互理解を、さらに促進し、深めていくために、すべての宗教、あらゆる国々の善意の人びととともに手を取り合い、心を一つにし、これらの活動に向けての熱意を懐きつづけてこられた。師は、よりよき社会をつくり、人類に幸福と調和をもたらすために必要なビジョンと決断力をあわせもたれている。

本書は、庭野師がその平和への願いを披瀝《ひれき》し、三十九ヵ国の宗教指導者と協力、提携しつつ開いた世界宗教史上初の「世界宗教者平和会議」（一九七〇年十月、京都）、引き続いて催された「世界平和祈願の集い」（東京・普門館）および、その後の継続活動について語り、さらには宗教をもつ人びとがなすべき、平和に向けての活動、将来の課題についても言及している。それらのすべては、われわれが「平和のための世界宗教会議」の精神を、いかに進展させ、いかに広めるかということであり、同時に仏教に説かれた平和の諸原理を、いかに実践するかの指針でもあるわけである。

（前・国際自由宗教連盟会長）

目次

※本文中の各位の肩書・団体名称等は、初版のままとしました。

第一章　平和とは何か

平和とは何か

まず、〝平和〟とは何か、ということですが、わかり切ったことのようでいて、いざ自問してみたり、人様に話をする段になると、はっきりつかめていないような気がします。その点から教えていただきたいと思います。

平和とは人と人との間にあるもの

平和とは何か――一言にしていえば、「人と人との間、人と自然との間に、和《なご》やかさと、順調さが保たれている状態」をいいます。

人と人との間というのは、一人の個人と一人の個人の間を出発点として、人間が造っているあらゆる社会の総称です。そういう意味での人と人との間の関係が和やかで、順調である状態を、平和というわけです。これが、普通に使われてい

平和とは自然と人との間にもある

人間は宇宙法に随順して生きるべきである

る平和という言葉の意味だと思います。

昔の中国のいろいろな本を読んでも、「天下平和」などと、平和とはおもに社会・国家が穏やかであることを指《さ》しているようです。

ところが、もっと深く考えてみますと、たんに人と人との間が和やかであっても、自然と人との間が順調でなかったら、けっして平和であるとはいえません。人間の生き方が大自然のあり方に同調し、そこに大きな和のすがたが保たれているときこそ、人間は、ほんとうに安らかであり、幸せです。

このことは、これまであまり考えられていなかったのですが、いわゆる公害問題がクローズアップされ、人間が自然を破壊・汚染することによって自らの生存を危うくしていることに気づいてから、にわかに「自然と人間との間の平和」が深く考えられるようになりました。じつは、仏教では昔から、すでにこのことを説いているのです。というより、仏教の根本思想はここにあるのであって、「人間は宇宙法に随順して生きるべきである」ということが、仏教全体の教えの根底となっているのです。

それはまずさしおくとして、われわれが平和の問題を考えるとき、第一に頭に浮かぶのが、人と人との間の平和であることは言うまでもありません。ですからこの問題から入っていくことにしましょう。

人と人との間の平和は、どこにあるか、どうしたら、それを成就できるか。わたしは、心と形の両方から追求していかなければ、絶対に、それは完成されないと思います。

社会の体制がどう変わっても心に平和がなければ……

まず第一にたいせつなのは、心から拡がっていく平和です。一人びとりの人間の心が平和的になり、その平和的な心と平和的な心が結び合えば、世の中全体が平和になることは必至です。逆にいえば、どんなに世の中のしくみを変えてみたところで、人間一人びとりの心が平和的にならなければ、ほんとうの平和というものが成就するはずはありません。ユネスコ憲章の前文に「戦争は人の心から起こる。ゆえに平和の砦《とりで》は人の心の上に築かれねばならぬ」とありますが、まことに、そのとおりです。

平和な心とは何か

それでは、平和的な心とは、どのようなものかということになりますが、その究極は仏教でいう慈悲、キリスト教でいう愛をもって人に対する心です。広やかな気持ちで他を包容し、他の過ちをトゲトゲしく咎《とが》め立てすることなく、争わず、苦しめず、怒らず、妬《ねた》まず、つねに他とともに幸せを得たい、と望む心です。

といえば、何の奇もないことのように感じられるかもしれませんが、その何の奇もない心を、われわれは、なかなか成就できません。なぜ成就できないのか……

貪欲こそ平和を乱す元凶

その原因を追究していってみますと、ギリギリ最後に突き当たるものは、人間の貪欲《とんよく》というものです。貪欲こそが元凶なのです。『法華経《ほけきょう》』の「譬諭品《ひゆほん》第三」に「諸苦の所因は貪欲これ本《もと》なり」と喝破《かっぱ》されているとおりなのです。

貪欲とは、貪《むさぼ》り欲することです。たんに物質や快楽などを貪り欲することだけではなく、権力とか、名声とか、他人の愛情とか、他の奉仕とかを、必要以上に、飽くことなく追い求めることも、その範疇《はんちゅう》（範囲）に入ります。

それは満足することを知らぬ欲望ですから、心は、いつも欲求不満でイライラし、落ち着くことがありません。すなわち、個人としても心の静安を得ることがないのです。

厚生省の昨年の調査によりますと、日本人の十三・四人に一人が入院または通院している病人で、その病気には心因性の要素がかなり多いということです。とりわけノイローゼが急増し、現代人は、すべてノイローゼの一歩手前にある、とさえいわれています。

これは日本人ばかりでなく、目立って繁栄している文明国においては、おおむねそうであって、一種の繁栄病といってもいいでしょう。個人にしても、企業体にしても、国家にしても、物質的な繁栄のために飽くことを知らず狂奔《きょうほん》しているため、世界も病み、国家も病み、個人も病むのです。

貪欲と貪欲の衝突が争いを生む

ある程度、物質的に豊かであることは、幸福な生活の一条件ではありますけれども、それが過度になり、飽満の状態に至れば、必ず苦を生み出します。

心の満足とか静安とかも、これと同様であって、さきに挙《あ》げたさまざまな自己中心的な欲望を飽くことを知らず追い求めていくと、心が安まることはなく、かえって苦しみがつのってくるものです。しかも、大事なのは、それが個人の心の中の苦しみだけで終わればまだいいのですが、たくさんの人間が自己中心的な欲望を、どこまでも追求してゆきますと、その貪欲と貪欲とが衝突せざるをえませんから、そこに必ず対立と摩擦が生じ、人と人との間の不和、社会的な紛争、そして国家間の戦争にまで発展してしまうのです。

愚かとはどういうことか

いずれにしても、人間が何かを貪《むさぼ》り求めますと、せっかく何万年もかかって築き上げた理性が、どこかに置き忘れられて、本能の衝動に身を任せるようになってしまうのです。そうなりますと、他の動物と同じように、ほんの目先のことしか考えられず、ものごとを大きな立場から見渡したり、長い将来のことを慮《おもんぱか》ったりすることができません。そういう状態を、ほんとうの意味での〝愚かさ〟というのです。仏教でいう愚痴《ぐち》とは、このような愚かさを指すのです。

愚かなことは罪悪である――という言葉がありますが、ほんとうにそのとおりです。人間は月の世界まで飛んでいけるほど頭脳が発達しているにもかかわらず、肝心の点で、まだまだ愚かなのです。愚かであるために、みずから絶望したり、悩んだり、嫉妬《しっと》したり、怒ったりして、独り相撲をとって苦しむのです。それればかりでなく、人と人との間の平和を、みずからかき乱して不幸に陥ってしま

平和な世のために知恵ある人間になれ

っているのです。

ですから、世の中を平和にするためには、まず、お互いの一人びとりがほんとうに知恵のある人間となって、右に挙げたようなさまざまな欲望を制御できるようにならなければなりません。欲望を制御するとか、貪欲を滅するとかいうことは、言うべくしてなかなか行じ難いことです。

よほど理性の強い人ならば、「ここまでは自他に害を及ぼすことのない自然の欲望である」「ここから先は自他を不幸にする過度の欲望である」という見分けがつき、みずからをコントロールすることができましょう。

あるいは、生まれつき無欲な性格で、食は五尺の体を養うに足ればよし、住は五尺の体を入れるに足ればよし——といった恬淡《てんたん》とした生き方をしている人もありましょう。

事実、そんな人もかなりおられます。そんな人たちは、「正直者は損をする」という諺《ことわざ》のとおり、目先だけで見れば、いわゆる世俗的な〝繁栄〟や〝成功〟に恵まれないように見えるかもしれませんが、しかし、そういった人たちの存在が、どれほど世の中全体に役立っているかしれません。その存在が修羅《しゅら》や地獄のドン底まで落ち込むのを食い止めているのです。その力は、まことに隠然として偉大なるものがあると、わたしは思うのです。

しかし、一般大衆のすべてに向かって、このように理性の発達した人、あるいは特別に無欲恬淡な人になってほしいと注文するのは、現在の実情では無理なことといわなければなりません。かといって、わがままな欲望の追求をこのまま放っておいては、世の中が平和になることは絶対にありえないのです。

宗教の必要性

そうした状態に心をもっていくために、宗教が必要なのでしょうか。

貪欲を去るには宗教が必要

まさにそのとおりです。宗教は、一部の、特別に心ざまのすぐれた人ばかりでなく、普通一般の大衆を、おのずとそのような心境へ導くものであって、宗教以外にそれをなしうるものはないと、わたしは確信しています。仏教を例にとって申し上げましょう。

宗教には、人間の心を真と善と美と聖へ近づかせるのに、二つの道が用意されています。一つは教えであり、一つは行です。

教えとは、宇宙と人生の真理を説く経説です。それは、科学の究極や、哲学の神髄、倫理の大道と一致するものです。たとえば、仏教では宇宙の真理をどのように説いているかといいますと、『法華経』の開経である『無量義経』の次の一節などが、その代表的なものであるといっていいでしょう。

「応当《まさ》に一切諸法《いっさいしょほう》は自《おのずか》ら本《ほん》・来《らい》・今《こん》、性相空寂《しょうそうくうじゃく》にして無大《むだい》・無小《むしょう》・無生《むしょう》・無《む》滅《めつ》・非住《ひじゅう》・非《ひ》動《どう》・不《ふ》進《しん》・不《ふ》退《たい》、猶《な》お虚空《こくう》の如《ごと》く二法《にほう》あることなしと観察《かんさつ》すべし」

現代語に直しますと、

「この世のあらゆるものごとの奥にあるのは、宇宙ができてから（本・来・今）ずっと変わることなく、一切が平等で、しかも大きな調和を保っている世界（性相空寂）であります。

われわれが肉眼で見る現象世界では、大きいとか小さいとか、生ずるとか滅するとか、止まっているとか動いているとか、進むとか退くとか、さまざまな不平等や変化があるように見えますが、しかし、その根本においては、ちょうど真空というものが、どこを取っても同じであるように（猶お虚空の如く）、ただ一つの真理にもとづく、ただひといろの世界であること（二法あることなし）を見極めねばならないのです」という意味になります。

〈空《くう》〉というのは、宇宙の万物万象を造っている、ただ一つの実在であって、現代の言葉でいえば、「すべての現象を造り現わす根源のエネルギー」ということになります。〈寂〉というのは、「常に大調和しているすがた」を形容する言葉です。

そこで、右の経説の中で注目し、よく記憶しておかねばならないのは、「すべ

きな調和の姿

て存在するものは、その根源において平等である（根源が、ただ一つの実在であり、ただひといろのエネルギーであるからには、当然、平等たらざるをえない）」ということと、「この宇宙の実相は大きな調和のすがたである」という二つのことです。

すべての人間は平等である――ということは、昔から東西のいろいろな人によって唱えられている思想です。しかし、われわれが、ただ目の前に見える現象上の人間だけを見ていたのでは、なかなかそれが納得できません。

ところが、すべての人間を造り現わしている大本《おおもと》は、ただ一つの〈空《くう》〉という実在だ――ということがわかりますと、やはり人間はギリギリのところで平等なのだな――と心から納得できるのです。

また、人間社会の理想のすがたは大調和であるということも、耳にタコができるぐらい聞かされています。しかし、これとても、目の前に見える現象世界ばかりに心を奪われていたのでは、どうしても疑いを持たざるをえません。自分が儲《もう》けるためには、さまざまなたくらみによって人の財貨をムリに吸い取る。自分の国が栄えるためには、他の国が苦しむようなことを平気でやる。勢力争いから殺し合いをやり、富の奪い合いで戦争をする。そして、強いほうが勝ち、弱いほうは萎《しぼ》んでしまう。どこに大調和があるのか。やはり、弱肉強食が、この世の習いではないのか……と感ぜざるをえません。

けれども、目の前の現象はそのとおりであっても、目に見えぬ宇宙の実相は確かに大調和のすがたなのだ——と知ることができますと、現象世界のすがたは、まだまだホンモノではなく、人間のわがままな心が造り出している未熟な世界に過ぎないのだ……ということがわかってきます。ですから、人間がわがままをやめさえすれば、実相世界の大調和のすがたが、現象世界にもそのまま現われてくるのだ——ということが納得されるようになるのです。

科学的真理とのかね合い

ほんとうに納得させることによって、人の心を変えさせるのが、仏の教えなのですね。しかし、そういうと、科学が突き止めえた真理であっても、それをほんとうに納得すればいいではないか、と考える人もあるのではないでしょうか。

科学的真理でも人の心をとらえてくれればそれで十分

そのとおりです。それでいいのです。科学的真理でも、心から納得できるならば、少しも差し支えはありません。富士山へ登るのにも、いろいろなルートがあって、どのルートから登っても、頂上はただ一つであるのと同じです。

しかし、科学的真理にもとづいて自分の心を変えうる人は、よほどすぐれた人であって、ほんの一握《ひとにぎ》りしかありますまい。たとえば、富士山に登るのに、一人や二人の人が開拓した、新しい、難しいルートをたどっていくようなもので、専門的な登山技術と装備を持った人だけが、それをなしうるのです。

万人のための確実な道はやはり宗教

一般の人に、それを要求するのはムリです。やはり、吉田口なら吉田口のように、ずっと昔の人が開拓し、その後、何十万、何百万という人がそこを通ってみて、安全確実な道だということが確かめられ、ある所まではバスでも行けるし、途中には石室《せきしつ》なども完備している――といったような登山道が万人向きです。その道を行けば、どんな人でも頂上までたどり着くことができます。仏の教えは、ちょうど、そんなものなのです。

たとえば、在家の人には、布施ということを、まず第一にすすめています。布施というのは、現代のことばでいえば、親切ということです。それも、たんに親切をすれば人が喜ぶというだけでなく、そういう行ないが自分を向上させることをも力説しているのです。「理屈は抜きにして、とにかく、人に親切にしてごらんなさい。そうすれば、なんともいえぬすがすがしい、美しい気持ちになります。そして、そういう行ないを続けていくと、そのすがすがしい、美しい気持ちが、いつしかすっかり身につき、自分の徳となってしまいます。そういうふうにして心が変われば、体も、暮らしも変わってくるのです」と説くのです。

これは、けっして、善をすすめるために口先だけで功徳を説くのではなく、ちゃんと〈空《くう》〉の真理に根ざした教えなのです。

すなわち「人間の心も大本をただせば〈空〉が造り現わしているもので、変えようと思えば、どうにでも変えられるものである」という真実を踏まえたものですから、盤石の重みをもっているわけです。

また、「親切こそ理想社会を造り上げるための大道であり、近道でもある」とも説きます。それも、ただ倫理的にそれをすすめるのではなく、「親切と親切との交流は、人と人との間に和をかもしだす。この、人と人との和のすがたは、宇宙の実相である大調和そのままの現われであるから、当然、それが人間社会の理想のすがたにほかならない」という大哲理にもとづいているのです。ですから、これまた千鈞《せんきん》の重みをもつ教えとなるわけです。

宗教は「くり返し」によって真理を心にしみこませる

このようなことは学校ではなかなか教えません。宗教のみが教えるのです。しかも、宗教においては、このような真理を、また真理に根ざした生活の軌範《きはん》を、法座の説法や経典などの読誦《どくじゅ》などによって、毎日くり返しくり返し心にしみこませるのです。ここが、いわゆる倫理・道徳の教えと違うところです。

宗教の教えの半分は、倫理・道徳のすすめです。キリスト教でも仏教でも、「殺しをしてはいけない」「ウソをついてはならない」「ひとに対しては寛容でなければならない」「自分を愛するように他を愛せよ」というような日常生活の心掛けや、人間関係に必要な自省や、社会秩序を保つための戒めや――ひっくるめていえば、人間の踏み行なうべき道を教え示すもので、世の中で普通に通用している倫理・道徳の教えと、ほとんど変わりはありません。

ところが宗教においては、いま言ったように、くり返しくり返し聞き、朝夕それを学ぶというところが違うのです。一ぺんや二へん聞いて「ああ、そうか……」と思っただけではなかなか身につきませんが、朝夕くり返しくり返し読んだり聞いたりしますと、知らず知らずのうちに、それが自分のものになってしまいま

感銘をもって聞くかどうか

す。ここが大事なのです。

もう一つ違うところがあります。それは、その教えを感銘をもって聞くかどうかということです。たとえば、「ひとを愛せよ」という教えを聞けば、だれでも「もっともだ」と思います。まさか「ひとを憎め」というほうが正しいと考える人はありますまい。

ところが、それを、いいかげんな人に聞いたり、たいしたことのない本で読んだりしたのでは、「あたりまえではないか」とか、「なにをいまさら……」などと考えるのが関の山で、その教えも心の表面をひとなでして通り過ぎていってしまいます。魂にしみこむような深い感銘は起こりません。深い感銘が起こらなければ、「どうしても、そうしなければならぬ」「よし、わたしもやろう」という気持ちが燃え上がってこないのです。実行のエネルギーが生じてこないのです。

ですから、たいていの道徳律は世間一般の人が百も承知していながら、行ずる人もあり、行じない人もあるという中途半端な状態で、それが千年一日のごとく続いているのです。

同じ教えでも、子どもが絶対に信頼している父母から聞いた場合、あるいは非常に尊敬している先生からすすめられた場合は、その効果が、まるっきり違います。心に深く染み着き、一生忘れません。そして、すべての行ないが、知らず知らず、その方向へ向いていくのです。このことは、よき父母を持ち、よき師に巡り会うことのできた古今東西の多くの人たちが、こぞって告白している事実です。この原理を、われわれは忘れてはならないのです。

宗教には人格的な中心がある

正しい教えは人類の宝です。しかし、その宝も、それを説いて多くの人びとに強い感銘を与え、実行へと踏み切らせなければ、いわゆる、宝の持ち腐れに終わります。ですから、人びとの尊敬を一身に集め、信頼の的となって真理を説く人は、これまた人類の宝なのです。

ところが、世の中に常識として存在する倫理・道徳の教えには、残念ながら、そうした中心がありません。中心となる生きた人格とつながっていません。したがって、正しい教えも、非常に薄められた状態で、わずかに人の心の表層にとどまっているだけで、それを貫こうという情熱も起こらなければ、積極的な実践へのエネルギーをも生み出さないのです。

尊崇の対象

宗教には、そういった中心があるのですね。尊崇《そんすう》と帰依《きえ》の中心となる、生きた人格が大切なことが、よくわかりました。仏教の場合について、もう少しうかがいたいと思います。

仏教の帰依の対象、生きた人格は釈尊

仏教を例にとれば、それは、いうまでもなく釈尊です。すでに二千五百年近くも前に、この世を去られたおかたですが、現在も少しも変わりなく、いや、ご在世中よりはるかに多くの人が、その人格を尊敬し、その教えに帰依しているのです。宗教者以外に、このような人物が世にあるでしょうか。宗教以外に、これほど不変の力を持つ存在があるでしょうか。

釈尊のような大聖者は、自己主張とか、権力とか、富とか、そういった世俗的なものから一切離れた無私の人です。ただひたすら、すべての人の幸福のみを願っている人です。ですから、その説かれる教えが仮に世間一般に行なわれている倫理・道徳と同じようなものであったとしても、人びとは、その大人格に対する絶対の尊敬と、信頼と、賛嘆と、仰慕《ぎょうぼ》のゆえに、その教えを懸命に守り、実行し、しかも、それを世の中へ推し広めていく努力を惜しまないのです。

恒久平和には宗教で人の心を変える必要がある

見かけは同じような教えであっても、それが宗教の中に含まれていると、その活力と効果に、これほどの違いができてくるわけなのです。ですから、ほんとうの恒久的な平和をもたらすためには、どうしても宗教によって人の心から貪欲《とんよく》を去り、争わず、奪わず、咎《とが》めず、妬《ねた》まない、広やかで優しい心の持主を、この世に充満させなければならないのです。

さて、先に、わたしは「宗教には、人間の心を真と善と美と聖へ近づかせるために、二つ道が用意されている――一つは教えであり、一つは行《ぎょう》である」と言いました。教えについては、いま縷々《るる》説明しましたが、もう一つの行《ぎょう》ということが、これまた非常にたいせつなことなのです。

宗教における行の意義

ここでいう行というのは、礼拝・読経・念仏・唱題・座禅といった、一定の形式をとった宗教的な行為をいいます。なぜ、こういった行がたいせつであるかといいますと、第一には、前に述べたように〝くり返し〟によって教えを心にしみこませるため、第二には、このような行によって魂の奥の奥までを清めるためです。

人間の心には、大きく分けて、意識という領域と、無意識という領域がありま す。意識というのは、われわれが、あるものごとをハッキリと知ったり、考えたりする心、すなわち自分でとらえることができ、自分でコントロールすることのできる心です。無意識とは、潜在意識ともいい、意識の奥の隠れたところにある、自分でとらえることのできない、自分では気のつかない心の世界です。

この無意識の世界には、人間がまだアミーバのような単細胞の生物だったときから、虫のようなものに変わり、魚のようなものに変化し、さらに両棲類《りょうせいるい》や鳥類のようなものになり、だんだん進んで哺乳類《ほにゅうるい》となり、サルの仲間から一グループが飛び抜けて人間に進化するまでの、二十億年という長い間に経験した事がらが、みんな底の底に沈んでいるのだ——と心理学者はいいます。

虫でも、魚でも、鳥でも、獣でも、自分が生存競争に打ち勝って生きるためには、また、自分たちの種族を維持するためには、どんなわがままでも、残忍なことでも平気でやります。他のものが集めた餌《え》を横取りしたり、雌《めす》を奪い合って闘争し、あげくの果ては仲間を殺したりします。ホトトギスなどのように、ウグイスの卵を巣から蹴落《けお》として、そこへ自分の卵を産み、ウグイスの親に育てさせるといった、ズル賢いことさえするのです。

わたしたちも、人間に進化するまでの約二十億年の間、ずっと、こういうことをやってきたのです。その経験は、残らず心の奥の無意識の世界に刻み付けられているのです。そのために、人間にまで進化しても、あいかわらず動物的自己中心の生き方は変わらず、奪い合いや殺し合いをくり返してきたわけです。

だんだん文化が進み、秩序ある社会を営むようになりますと、どうしても自分かってなことばかりやってはいられませんので、法律のような規則を作ったり、倫理・道徳といった共通の戒めが自然にできたりして、人間は意識して、わがままな欲望や悪の衝動を抑えるようになってきました。

しかし、無意識の世界には、過去二十億年の経験が固まった我執《がしゅう》と自己愛が大きくわだかまっていますから、ともすれば「盗もう」「奪おう」「殺そう」といったような悪心が、そこからうごめきだすのです。それゆえ、「してはいけないことだ」と重々知っていながら、つい踏みはずしてしまうのです。それが社会の秩序を乱し、平和を害しているのです。

集団は大きな犯罪を犯しやすい

教育を受けた文明国人は、個人としては、無意識から突き上げてくるこのような悪心を、おおむね抑えることができるようになってきています。ところが、そんな人も、集団となれば、つい大きな犯罪を犯してしまうのです。個人がやれば明らかに悪である脅迫・拷問《ごうもん》・強奪・傷害・殺人などの行為も、「階級や国家のためにやる分には差し支えない」とする、理屈に合わない群集心理が、まだ人間には残っています。国と国との戦争も、本《もと》をただせば、やはりそういう心理から起こるのです。

これは明らかに、虫・魚・鳥・獣時代に、種族維持のためには、どんな残虐《ざんぎゃく》なことでもやった歴史のなごりであるといえましょう。心の深層に沈んでいる、そういった記憶が、「自分らの属する団体の利益のためなら、何をやってもいい」という、わがままかってな行動基準を作ってしまうのです。まことに下等な意識であって、人類はまだまだ、こんなところを低迷しているのです。

こういうわけですから、われわれ人間は、意識の上の心ばかりをどんなに正しく、美しく、穏やかにしようとしても、なかなか完全に清めることができず、世界の平和も実現困難な状態にあるわけです。

宗教的な〝行〟は無意識の世界までを清める

それならば、どうしたら無意識の世界まで清めることができるか？　――宗教的な〝行〟よりほかに道はありません。

礼拝・読経・念仏・唱題・座禅といったような宗教的な〝行《ぎょう》〟を一心に行じているときは、だれでも無我の状態になることができます。無我になって、この宇宙を造っている根本のいのちの中へ没入してしまうのです。そのひとときにこそ、われわれの無意識の世界までが清められるのです。

もちろん、そういった〝行〟を終えて普通の日常生活にもどれば、また、さまざまな悪念がうごめきだしてくるのですが、くり返しくり返し、このような〝行〟を続けていくうちに、無我（自己中心からの離脱）という精神的習性が、しだいしだいにでき上がってきて、ほんとうの意味の人格が完成していくのです。

心を変えるのは宗教か

「心を変えなければ世界平和は実現できない」わけですね。そして、「人間の心を、ほんとうに変えうるものは宗教である」と断言してもよいのでしょうか。

心は一瞬にして変えることができる

それは、はっきりと断言することができます。

人間の心を変えるというのはむずかしいことだ。百年河清《かせい》を待つに等しい……と考える人も多いかもしれませんが、案外そうではないのです。物を変えるより易しいといってもいいのです。ここに木材があります。その木材を「鉄に変えなさい」といわれて、あなたは、それができますか。それに対して、「あなたの心を占領している争いの気持ちを捨てなさい」といわれたら、絶対不可能とは感じないでしょう。「やればできる」と感じるでしょう。昔から、極悪非道の人間が名僧・高徳の諭《さと》しによって、即座に、りっぱな心の持ち主になったという例がたくさんあるように、変えようと思えば、心は一瞬にして変えることができるのです。

『法華経』の「提婆《だいば》達多《だった》品《ほん》」の終わりのほうに、わずか八歳の竜《りゅう》（海中に住む竜＝離島に住む異民族を象徴）の娘が、仏の悟りを得ることが述べられています。文殊《もんじゅ》菩薩《ぼさつ》が「この竜女は速《すみ》やかに仏の悟りを得るであろう」といったのに対して舎利《しゃり》弗《ほっ》が反発し、竜女に向かって「仏の悟りに達する道は、はるかなる道程である。はかりしれないほどの年月、努力を尽くして修行を積まなければ、成就できるものではない。わずか八歳のそなたが、どうして、どうして……」といいます。すると、竜女は黙って自分の持っていた宝珠を仏さまにささげます。仏さまは、すぐに、それをお受け取りになりました。

そこで、竜女は「世尊が宝珠をお受け取りになったのは速かったですか」と尋ねます。舎利弗が「じつに速かった」と答えますと、「わたくしの成仏は、もっと速いのですよ」と言ったとたんに、南方の無垢《むく》世界という所で仏となっている姿をありありと見せましたので、舎利弗はじめ一同は、あっけにとられてしまうのです。

これは、つまり、真理に対して素直でありさえすれば、心の改造は一瞬にしてできるものだ——ということを教えているのです。現代の人間は物にばかりとらわれていますから、心の改造を困難だとか、不可能だとか考えがちですが、けっして、そうではありません。

わたしは人間を信じます。絶望していません。正しい宗教の広宣流布によって、必ず人間の心は真へ、善へ、美へ、聖へと近づいていくものと信じていま す。そして、世の多くの人びとの心が、このように変わってきたときに、ほんとうの恒久平和がこの世に打ち立てられるのです。

ですから、わたしが平和運動を始めたのは、最近のことではないのです。立正佼成会を創立して以来、地道な、しかし最もたいせつな平和への努力を営々として積み重ねてきたわけです。坐《すわ》りこみや、デモや、シュプレヒコールなどを伴う派手な運動ではありませんが、われわれが行じてきた信仰活動こそ真の平和への大道である、と確信をもって言い切ることができるのです。

佼成会では創立以来平和運動をやってきた

会員綱領が示唆するもの

わたくしたちが、いつも唱和する会員綱領は、そうした平和への理念と精神を説かれているのでしょうか。

そのとおりです。会員綱領の主文は、ご存知のように次のことばです。

仏教の本質的な救われ方を認識し、
在家仏教の精神に立脚して、
人格完成の目的を達成するため、
信仰を基盤とした行学二道の研修に励み、
多くの人々を導きつつ自己の練成に努め、
家庭・社会・国家・世界の平和境（常寂光土《じょうじゃっこうど》）建設のため、
菩薩行に挺身《ていしん》することを期す。

この家庭・社会・国家・世界という順序に心をとめていただきたいと思いま

す。仏教の究極の目的は、全人類を幸せにし、全世界を平和境と化するところにあるのですが、さきほどから何度も述べているように、そのためには、まず人の心から変えていかなければなりません。

それゆえ、何より第一に自分自身の人格の向上に努めると同時に、自分の家庭をりっぱな平和家庭にするように努力しているのです。家庭は、社会のいちばん小さなヒナ型ですから、そのヒナ型が乱れていては、社会の平和はありえないのです。

仏教の本質的な救われ方とは…

ところで、われわれのめざす家庭像は、仏教の真理にもとづく和合と光明の小世界です。仏教が説き明かした真理によれば、この宇宙の実相は、偉大なる和の世界であり、無限の光明の世界です。それゆえ、人間の世界も、和と光に満ちたものであるのが当然のすがたです。ところが、お互い自己中心の、わがままな心をつのらせるために、和は乱れ、光は蔽《おお》われ、トゲトゲしい空気と暗い心に閉ざされた家庭・社会・世界ができてしまうのです。そういう不自然な状態を改めて、本来あるべきすがたに立ち返らせようというのが仏教の教えなのです。したがって冒頭《ぼうとう》にある「仏教の本質的な救われ方」というのは、つまるところ「人間が、そして家庭・社会・世界が、本来あるべきすがたに立ち返る」ことにほかなりません。

ですから、われわれがめざす家庭像は、いわゆるマイホーム主義とはよほど違ったものです。外の社会と隔絶して、自分の家族の幸福だけを望むとか、あるいは安易・逸楽の世界として家庭を守ろうとかいうのではありません。社会の平和化の基地として、まず家庭に和のすがたを造り上げ、社会の正しい進展の原動力として、家庭を明るく、健康なものにしようと志向しているのです。

常寂光土の真義

また、ここに〈常寂光土〉という言葉がありますが、どうも字面の感じに引きずられて、ほんとうの意味とかけ離れたものに感じ取ったり、解釈したりする傾きがありますので、念のために説明しておきましょう。

寂の字にはさびしいとか、しずかなという意味もありますが、この場合の寂はそういう意味ではなく、「常に変わらぬ大調和の安らかさ」ということです。したがって、どんなに時代が移っても、どんなに人が変わっても、つねに変わりなく光明に満ちあふれた世界を常寂光土というのです。

光明は万物を生かし、暖《あたた》め、力づけるものです。ですから、常寂光土とは、明るく、生き生きした、生命と創造力にあふれた世界です。理想的な恒久平和の世界なのです。

菩薩行こそ平和活動

そのような理想社会を、この世に建設するために、われわれは自ら進んで積極的に菩薩行に挺身《ていしん》しているのです。菩薩行とは――、
現実の生活から離れることなく、この汚濁《おじょく》に満ちた世界に生きながら、自分にも他のすべての人にも必ず内在している仏性《ぶっしょう》を発見し、発掘し、その実相を見つめることによって、みずからも真実に目ざめるとともに、他のすべての人も同じ境地に達するように手を差し伸べ、
この世に理想社会を現出させよう。
このような大目的のために行ずる、すべての行為を菩薩行といいます。これこそが最も基本的な平和活動であると、わたしは確信しているのです。

第二章　形から推し進める平和

非武装の運動

心から展開される平和がまず根底になることは、よくわかりました。では、それを形の上でどう推し進めて行くかを、おうかがいしたいと思います。

平和を実現するためには、人の心を変えていかねばならない――これは根本の大道であり、絶対に欠くことのできない大事です。かといって、形の世界に現われる政治・外交・経済・文化といった面を、そのままに放っておいていい、というのではありません。こうした現実の世界についても、具体的な目標を持ち、具体的なプランを立てて、一歩一歩確実に人類の福祉と平和を推し進めていかなければなりません。

われわれ人間は、心の世界に住んでいると同時に、形のある現実の世界にも住んでいるのですから、この形ある世界をそのままにして、心の中で、どんなに平和を祈り、平和へ近づこうとしても、それは片一方に偏した努力といわざるをえないでしょう。

平和を欲するだけでは不十分

ロマン・ローラン（フランスの文豪で平和論者）は、こう言っています。「平和を欲するだけでは不十分だ。その平和の条件をも欲しなければならない。そして、まず初めに、その条件を知ることだ」と。

非武装

では、その具体的な条件とは何か。具体的な目標として、どんなものを立てなければならないか。――まず最大のものが「非暴力」「非武装」にあることは、だれも異論をさしはさむ人はないと思います。

太古の民は、一人びとりが、こん棒とか石斧《いしおの》のような武器を携えていました。他の人間を心から信用できなかったからです。ところが、現代の文明国人の大部分は、個人的には武装しておりません。

なぜかといえば、道徳というものが、おおむね、すべての人びとに行き渡り、また法律というものが個人個人の生命・財産の安全を保障してくれるようになったからです。

つまり、われわれは「他を信用できないからこそ武装する」のです。他を信用できれば、武装する必要はありません。わかりきったことのようですけれども、これが武装・非武装の問題を考える根本となるたいせつなカギとなるものですから、あえて申し上げるわけです。

ところで、われわれは、このわかりきったことの逆の真理を、つい忘れがちなのです。すなわち、「武装している相手は信用できない」ということです。相手は懐中に短刀を忍ばせている。自分は何も持っていない……となれば、どうしても神経をとがらせざるをえません。警戒しないわけにはゆきません。

そこで、自衛のためと称して自分も短刀を携えることになります。そうなりますと、お互いが相手を疑い、その疑心が暗鬼を生じ、ちょっとしたことで短刀を抜き合ったり、血を流し合うようなことが起こるのです。

アメリカでは一般人にもピストルの所持が認められています。犯罪から身を守るためです。ところが、そのアメリカでは、ピストルの所持を許されない日本よりも、はるかに犯罪件数が多く、しかも残虐《ざんぎゃく》な殺人が頻発《ひんぱつ》しているのです。警官も、反抗しようとする相手は、すかさず射殺するそうです。そうしなければ、命が幾つあっても足りないからだそうです。

つまり「他を信用できないから武装する」ということと「武装している相手は信用できない」ということのイタチゴッコが、そういう不幸な状態をひき起こしているわけです。

国と国との関係も、そのとおりです。武装している相手は、心の底から信用するわけにはゆきません。そこで、こちらも武装を固めて、いざというときに備えようとします。そうすると相手は、もっと軍備を増して万一の場合に負けないように……と考えます。そこに、果てしない軍備拡張の競争がはじまります。

こうなりますと、国の予算は軍事費にドンドンつぎ込まれ、国民の福祉は二の次になってしまうのです。一昨年の世界宗教者平和会議の「非武装」研究部会の報告書は、次のように書き出されています。

戦争はどうしても回避しなければならない

「世界は過去三年間に約三〇パーセントまで軍事費を増加している。一九六七年には、五年間に五〇パーセント以上の増加を見、一、八二〇億ドルもが費やされたと見積られている。これは世界総生産の七パーセントに当たるが、また、ラテン・アメリカ、南アジア、中東に住む一〇億の人びとの年間収入に等しいものである」

一〇億人の年間収入に相当するお金が、人殺しのために、人殺しの準備のために浪費される――これが許されていいものでしょうか。そのために、国民が、どれくらい重税で苦しんでいることか。また、そのお金が生活困窮者の救済や、医療機関の充実や、公害防止などのために使われるとしたら、どれほど国民は助かることか。まことに、軍備というものは、戦争が起こらない前から人類に生・老・病・死の苦を強いているのです。

ましてや、戦争が起こったら、どういうことになるでしょう。核兵器・生物兵器・化学兵器が発達している今日では、人類絶滅か、それに近い大惨事となることは必定です。ですから、どんなことをしても戦争だけは回避しなければなりません。

過去の戦争と、今度起こる（かもしれない）戦争とは、その殺戮《さつりく》性の規模がまるで違うのです。人類は過去に何千回・何万回となく戦争をやってきた。しかも今こうして繁栄している。だから、これからも戦争をしたって、たいしたことはあるまい……などと、たかをくくった考えを持ってはならないのです。

世界の大国は、このことをよくよく承知しているのです。それにもかかわらず、核戦争の恐怖はつねにわれわれを包んでいます。かつてキューバで一触即発の危機がありました。今のベトナム戦争や中東の紛争も、いつ核戦争へ移行するかわかりません。やや希望の持てる兆候は見えてきていますが、しかし、なかなか手放しの楽観は許されないのです。

故ケネディ大統領が一九六一年の国連総会で、こう訴えました。――「人類は今、核兵器というダモクレスの剣の下で、おののいている。核兵器が人類を滅ぼす前に、人類が核兵器を滅ぼさねばならない」

ダモクレスの剣というのは、ギリシャ神話にある話で、ダモクレスはシラキューズの王の側近の家来でしたが、つねに王にへつらうことばかりしていました。

あるとき、あまりにも王という身分の幸福さをほめたたえるのを苦々《にがにが》しく思った王は、宴会の席でダモクレスを王座にすわらせ、その頭上に髪の毛一本で抜き身の剣をつるしました。ダモクレスは宴会の間じゅう、いつ剣が落ちてくるかと震えていなければなりませんでした。つまり、王者というものは四六時中危険にさらされていて、けっして幸福ではないのだということを、身をもって悟らせた……という話です。

今日の人類は、王座にすわったダモクレスと同様で、かりそめの繁栄に酔いしれている人が多いのですが、心ある人は、頭上に髪の毛一本でつるされている核兵器におののかざるをえないのです。

それゆえ、これからの人類は、いかなる戦争をも回避しなければなりません。通常兵器による戦争ならば……などと考えてはならないのです。通常兵器による局地戦争の弾丸が、いつ、その髪の毛一本を切ってしまうかわからないからです。

それでは、戦争を回避するにはどうすればよいのかということですが、先に述べた「武装している相手は心から信用できない」という原理にもとづいて、軍備を撤廃することです。武装をやめることです。これが、地球上から戦争をなくす最も直接的な、そして最大の道なのです。

実際に、一九五九年の国連総会に、全加盟国が「全面完全軍縮に関する八十二ヵ国決議」を提案し、全会一致で採択されました。それは通常兵器を含む各国の軍備を完全に撤廃するという大目標を、世界の国々がこぞって打ち立てたことを意味し、とにもかくにも、戦争回避の足掛かりができたわけです。しかし、その後の十年間の推移は、必ずしもはかばかしい進展を見せていません。水爆を含む核保有国も、中国とフランスが加わって五ヵ国を数えるようになりました。けれども、とにかく人類の意志が軍備撤廃の方向へ一歩二歩と歩み出していることは事実であって、われわれは勇気と忍耐をもって、その推進にあらゆる努力を払わなければなりません。

世界連邦運動

しかし、軍縮の努力が実って世界の国々が軍備を全廃した場合、もし、不正の行為や力ずくの侵略などをしようとする国があったらどうしたらよいのか、という疑問が起こると思いますが……。

すべての国の上に立つ連邦制の世界国家

もっともな疑問です。軍備の撤廃をするならば、当然、そうした後のことまで考えておかなければなりません。それを考えて打ち立てられたのが、世界連邦の構想です。世界連邦とはどんなものかといいますと、すべての国家の上に立つ連邦制の世界国家を造ろうというものです。

第二次世界大戦後、国際連合（国連）というものができました。国家間の紛争が戦争にまで発展するのを防ぐために、国際的な話し合いの場として造られたものです。それは、これまでに、いろいろと有意義な仕事をしてきました。しかし、核保有の大国が関係する紛争については、まったく無力といわざるをえない場合が幾たびもありました。というのは、国連には決定的な権威がないからなのです。

なぜ決定的な権威がないのかといいますと、国連は各国家の主権というものを認めた上での話し合いの場ですから、力を持つ大国が主権を主張して譲ることをしなかったら、それをどうすることもできないのです。

したがって、ほんとうに権威のある国際紛争解決の機関を持とうとするならば、どうしても国家の主権を超えたものでなければなりません。それが世界連邦の構想なのです。

すなわち、地球上の全部の国々が集まって一つの連邦を造り、世界憲法を制定し、世界政府機関（議会・裁判所・執行府）を造り、人類のすべてがその権威に従い、争いをやめ、手をつないで福祉を増進していこうというものです。世界中の心ある人びとが、その実現のために地味な運動を続けていますが、わたしも立正佼成会のみなさんといっしょにこの運動に加わり、懸命の努力をしているのです。

第二次大戦後、初めてその運動に乗り出されたのがアインシュタイン博士、湯川秀樹《ひでき》博士、バートランド・ラッセル卿《きょう》(イギリスの哲学者)など、世界の知性を代表する十一人の人たちでした。

昨年五月(昭和四十六年)、鶴見の総持寺で行なわれた第三回の世界連邦平和促進宗教者大会に際して、湯川スミ夫人(世界連邦建設同盟会長)は、当時の思い出を次のように話しておられます。

「……昭和二十三年、湯川秀樹はプリンストンの高級科学研究所の教授として招かれ、日本人として終戦後最初の渡航者として、わたくしと二人、アメリカに住むようになりました。そしてわたくしどもは、同じ研究所に毎日通って来られるアインシュタイン博士と心安くなりました。ア博士はわたくしどもの手を両手で堅く握《にぎ》られ、涙を流して『日本人には申し訳ないことをした(庭野注・ア博士の発見された原理が原爆という鬼子を生んだことを指す)』と心をこめてわびられました。そして『核兵器が出現した以上は、このまま放って置いては人類は滅びるかもしれない。この地球上を戦争の起こらないシステムにしなければ取り返しのつかぬことになる。何かよい道はないか……』と、毎日、秀樹に相談されました。そして、結局、ヨーロッパで早くから考えられている世界連邦の思想以外にない、という結論を出しました」

結論が出るや、博士たちは、さっそくそれを行動に移しました。そこが机上だけの学者と違うところだと、感嘆に耐えません。とりわけ、わたしが感銘したのは、同じスミ夫人のメッセージの中で述べられている次の事実です。

「……（帰国後）秀樹は『わたしは物理の仕事をしたいが、研究している間に地球が滅びてしまうような事が起こっては大変だ。物理のほうは、きみではだめだが、世界連邦の仕事は人類の半数以上は女だから、きみが主になって実行してほしい』と申しました。このときから、わたくしは及ばずながらも一生を、この運動のためにささげたい、と堅く心に誓いました」

これよりほかに道がないとわかったら、とにかく、それに向かって前進を開始するのが、積極的な人間の生き方ではないでしょうか。それが法華経が力説する

冷笑的な態度は常不軽菩薩を嘲笑した僧たちと

同じ

菩薩とは現実の行動を積み上げる行動的人間

菩薩の行ではないでしょうか。「世界連邦なんて夢のような話だ」とか、「いつ実現できるのかね」などと冷笑する人があるかもしれませんが、それは常不軽菩薩《じょうふきょうぼさつ》に対して「仏になるなんて……」と嘲笑《あざわら》った僧たちや群衆と同じ、シニック（冷笑主義的）な、もしくは無知な態度です。

ただし、世界連邦運動を推進する側も、現実世界の欠点や国連の弱点だけを指摘し、だからこそ国連よりも世界連邦でなければならぬ、といった一足飛びの考え方を主張するだけであっては事態は進展しません。たしかに世界連邦の長所、美点を挙げることは容易ですが、それに一歩一歩近づくためのエネルギーをどう涵養《かんよう》するかについておろそかであっては、世界連邦も絵にかいた餅《もち》といわれても仕方がないでしょう。

菩薩とは、人類のすべてを幸福にし、世界に完全な平和を造り上げるという高遠な理想をいだき、しかも、それに向かって現実の行動を一つ一つ積み上げていく行動的人間をいうのです。

たとえば、常不軽菩薩の但行礼拝《たんぎょうらいはい》（ひたすら仏性をおがむ行ない）がそれです。

湿った平和の土が少しずつ現われてきている

両腕に火をつけて世界を照らし出した（身を犠牲にして世を明るくした）薬王菩薩が、それです。法華経の行者であるかぎり、みんなが常不軽菩薩になろうではありませんか。薬王菩薩になろうではありませんか。

『法華経』の「法師品《ほっしほん》」に次のように説かれています。

「薬王よ。たとえば、水のない高原で、渇《かわ》きに苦しんでいる人が井戸を掘ったとしましょう。掘っても掘っても土が乾いているときは、まだ水は遠いのです。それでも失望せずに辛抱強く掘り続けていると、だんだん湿った土が出てきて、それが、しだいにドロになってきます。すると、いよいよ水が近いことがわかります。菩薩の仕事とは、このようなものであります」

平和実現のための仕事もまた、このようなものです。掘りもしないうちからあきらめたりして、どうなるのでしょうか。また、少しばかり掘ってみて、乾いた土しか出ないからといってシャベルを投げ出したりしたのでは、けっして目的を達成できるものではありません。根気よく、忍耐強く、コツコツと掘り進んでいってこそ、清冽《せいれつ》な地下水に到達することができるのです。

わたしが直感するところでは、われわれの掘る土が、ほんの少しずつではありますが湿ってきつつあるのです。それを感じてわたしは勇気百倍するのです。どうか皆さんも、世界平和の泉を掘るこの聖業に協力してくださるようにお願いします。人間として、これほど生きがいのある、崇高な仕事はないではありませんか。

世界平和には道徳的努力が必要

西ドイツの理論物理学者であり、自然哲学者としても世界的に著名なC・F・フォン・ヴァイツゼッカー教授は、「世界平和が、事実、わたしたちに共有の問題であるならば、それは、あらゆる心配事に優先するはずだ」として、「世界平和の必須《ひっす》条件として諸紛争の統制化が必要であること、そのためには各国の外交・政治をあたかも一国内の内政を司るようなところまでコントロールする、いうなれば世界内政治に変えていかなければならない」といったことを強く主張され、その世界平和へのプロセスには「非常な道徳的努力が要求される」と指摘されております。この絶え間ない道徳的努力を続けさせるエネルギー源こそ宗教的情熱である——と、わたしは思うのです。

軍備撤廃で完全平和がくるか

仮に軍備が撤廃され、したがって戦争がなくなりさえすれば完全な平和が実現するのでしょうか……。

必ずしもそういうわけにはゆきません。徳川幕府の治下三百年は戦争らしい戦争もなく、泰平無事の時代だったといわれていますが、その間に百姓一揆《いっき》が二千回もあったのだそうです。ということは、民・百姓が、どれほど貧しい、抑圧された暮らしをしていたかを示すものです。一揆を起こせば、捕えられて磔《はりつけ》にされたり、島送りになったり、うまくいって所払い（追放）といった刑に処せられることは目に見えています。それを重々知りながらも、あえてムシロ旗を押し立てねばならぬというのは、よくよくの苦しみがあったからです。

民衆がそれほど苦しんでいるのに、どうして泰平無事といえましょうか。平和の時代といえましょうか。今の世の中でも、その問題は世界的な規模において考えられなければなりません。

富める国（先進国）と貧しい国（開発途上国）との差が、あまりにもあり過ぎます。現在の世界では、総人口の一八パーセントに当たる先進諸国が世界総生産の七〇パーセント（ソ連を入れると八〇パーセント）の富を生産しているといわれています。裏を返せば、世界人口の八〇パーセントを占める開発途上の国々が、わずか二〇パーセントの生産しかしていないという現状です。

先進国が援助をためらう三つの理由

しかも、先進諸国は開発途上国の開発に少しばかり援助の手を差し伸べてはいるものの、大きな流れとしては、それを見捨てようとしているのです。それには、三つの理由があります。

第一は、開発途上国の主要な輸出品目である第一次生産物（農産物・諸原料）が、先進諸国であまり必要とされなくなったことです。日本を例にとってみますと、近年は米が余って困るようになり、以前のように東南アジア諸国から輸入する必要はなくなっています。また、ゴムといえばマレーシアやインドネシアから輸入しなければ、どうにもならなかったのですが、今は合成ゴムができて、天然ゴムの絶対性はなくなってしまいました。

そうした変化に即応するという変わり身の早さを、開発途上国は持ち合わせていません。大国の植民地であった時代に作られた経済的束縛が、そう簡単に打ち破れないからです。もとの支配者の政策のために、原料の輸出ばかりに頼っていたのが、市場の移り変わりによってこうなったわけで、いまだに搾取者の亡霊に苦しめられているといってもいいでしょう。

第二に、先進諸国は腹の中で、開発途上国は人口が非常に多いから、将来いい市場になると皮算用をしていたのですが、それらの国々の国民所得があまりにも低過ぎるので(年間一人当たり三万円程度)、これでは話にならぬとソッポを向きはじめたのです。ここにも、経済支配という大国の利己主義が醜く暴露されているのです。

第三に、開発途上国は労働力の源泉として重宝がられていたのですが、先進諸国でオートメーション化やコンピューター化が急速に進んだため、その価値さえも失われてしまいつつあります。いちおう、やむをえぬ事情のようではありますが、だからといって放って置けることではありません。

こうしたアンバランスは、開発途上国の敵意をそそり、その不満の爆発が紛争や戦争の原因となります。いや、たとえ紛争や戦争は起こらなくても、こういった飢餓・貧困の状態があるということ自体が、世界が平和でないということになるのです。

「開発」の必要性

ですからわれわれは、先進国の国民という立場からも、また宗教者という立場からも、こうした国々の開発ということに意を注ぎ、具体的に援助の手を差し伸べていかねばなりません。それについて忘れられないのは、京都会議で「開発」についての講演をされたユージン・カーソン・ブレイク博士の次の言葉です。

分かち合い、認め合う

「平和の語源であるヘブライ語のシャーロムは、『お互いに分かち合い、お互いに認め合う共同社会での人生のすべて』を意味している」

自由・尊厳・正義・参加を求めて

まず、たいせつなのは「分かち合う」ことです。ベトナムや、バングラデシュや、インドの人たちが飢えに苦しんでいるとき、アメリカでは余った食糧を海に捨てたり、日本では、古い米を豚に与えている。——こうした矛盾を、なんとかして早急に解決しなければなりません。運輸機関が発達している今日ですから、その気になりさえすれば、今すぐにでも解決できる問題のはずなのに……つまりは、われわれの意識がそこまで高まっていないのだといわざるをえません。

また、「分かち合う」のと同時に「認め合う」ことが大事なのです。相手の尊厳を認めないでする援助は、相手を助けてやっているという自己満足にすぎず、自分も相手も向上させるものになりません。ブレイク博士は、そのことについて次のようにも訴えられました。

「開発の主目的の一つは、貧困の根源を衝《つ》くことである。しかも、経済的成長の試みは、他の社会的、人間的目標の追求とともになされるべきである。人びとは食糧のみを求めて泣いているのではない。自由・尊厳・正義、それから参加をも求めているのである」

この言葉こそ、われわれがこの問題に立ち向かうべき方向を強く示唆《しさ》しているというべきでしょう。

現在の自衛隊について

それでは、もっと具体的にお尋ねしますが、現在の自衛隊、さらには再軍備に対して、わたしたちは、どのようにうけとめるべきでしょうか。

仏教では人間の業《ごう》というものを厳しく追求していますが、なんといっても人間の心の中には地獄、餓鬼《がき》、畜生、修羅《しゅら》といった凶暴な要素が内在していますから、それらが発動して人びとに迷惑をかけるとか、生存を脅《おびや》かすという場合のことを考えなければいけないでしょう。仏教に四天王という四神がおりますが、これは別名、護世《ごせ》四天王と呼ばれているように、世の秩序を維持するためのものは必要だと思います。

自由には秩序がともなう

自由には秩序というものが必ずなくてはなりません。秩序のない自由などというものはありえないのです。もしあるとすれば、それは自由ではなく、でためであり、放縦です。したがって、人間が自由を望むならば、秩序を重んずる精神をもたなければなりません。自由を謳歌《おうか》して駆け回っていた犬が、自分は自由なんだから人にかみつくことも自由だといって通行人にかみついたならば、この犬は危険至極な犬であり、通行の自由を侵害するけしからぬ犬だとして即座に捕らえられ、鎖《くさり》につながれてしまうのは当然です。しかし、その犬が〝自分をクサリにつなぐとは自由の侵害だ〟と文句をいうとしたら、おかしなことでしょう。

世界連邦の警察は将来も必要

ですから、自由であるためには、人間社会のルールを守る精神が大切なのです。それが徹底すれば申し分ないのですが、やはり、それだけでは不十分で、秩序を維持するためにある程度の力が必要であることは当然です。とくに世界平和と秩序維持のためには、世界連邦としての警察が将来も必要であるのは仕方のないことと思います。

さて、ご質問ですが、自衛隊や再軍備に対しては、世間には大別して二とおりの意見があるように思われます。一つは、自衛隊も含めて、あらゆる軍備を徹底してなくすべきだという意見です。完全非武装にしたために攻められるということはないだろうし、仮に、もし攻めてくる国があったとしたら、そのときには攻められてもよいではないか、殺されてもよいではないかと、徹底した考え方の人もいます。

もう一つは、前者を理想論にすぎないとする、いわゆる〝戸締まり防衛論〟で、必要最小限の軍備はやむをえないとする考え方です。軍備撤廃は理想ではあるが、第二次世界大戦後の世界をみても、ヨーロッパでは大国の突然の武力介入や蹂躙《じゅうりん》に、力をもたぬために涙をのんで屈した諸小国の例があり、アジアにおいても、他国の兵士に殺された罪もない民間人の悲劇が少なくないことを例に挙げ、武力介入にはやはり、それを拒否するある程度の力が必要であるし、また、わが子や、わが兄弟が殺戮《さつりく》の危機に直面したような場合、はたして無抵抗でいられるかどうか。また、それがよいのかどうかと疑問視する意見です。会員の間にも、この二とおりの考え方がみられるように思います。

「世界宗教者平和会議」は〝非武装〟を三大テーマの一つとして、完全非武装を提唱しましたし、仏教の教説をひもといてみましても軍備を積極的に容認した文証は、どこにもありません。宗教者の使命は、一方では、このあるべき姿としての完全非武装に向けての努力と運動を一歩二歩と積み上げ、他方では、武器に頼らずとも、お互いに信じ合える世界を創《つく》り出すための努力をあわせ行なう、その両方にあると思います。

目標と現実の間には距離がある

戸締まりが全く必要のない社会を多くの人が望んでも、今すぐに戸締まりを全廃できる人は、まずありますまい。警察官の必要がない社会を造ることが警察官自体の願いであるはずなのに、現実には警察官の必要な社会が続いています。つまり、あるべき姿としての目標と、現実の間には、まだまだ距離があることを認めないわけにはゆかないのです。

したがって、わたしは、自衛隊が必要でない国際間の状態を強く願いつつ、それに向けての努力を重ねながらも、現状においては、その存在もやむをえないと容認しております。

現実というものは弾力性に富み、流動しているものですから、結局は、右だ左だ、やれ保守だ革新だと、一線を画して憎み合うなどということは、ただでさえ狭くて住みにくい日本をますます、せせこましくしてしまうのではないでしょうか。

自衛隊も、それなりの理由があって生まれたのですから、現在の与えられた条件のなかで、これをいかに善用するか、ということを考える必要がありましょう。たんに税金のムダ遣いなどと批判するのではなく、国民のための自衛隊として温かく見守ることが大切だと思います。あとのことも考えないで、ただ解散しろと冷たく扱うのは簡単ですが、それだけでは若い自衛隊員をかえって反動に追いこみ、悪い結果を生ずることにもなりかねません。

話が少しわき道にそれるかもしれませんが、体制があまりにも右へ偏《かたよ》りすぎる

仏教の中道は固定した真ん中ではない

のも危険ですし、もちろん左へ偏りすぎるのもいけません。しからば、その真ん中がいちばん良いのかといえば、それもまた誤りといえましょう。なぜならば、右に対する真ん中、左に対する真ん中ということなら、そのような〝中〟は、それ自体すでに固定した観念であり、偏りであるからです。仏教でいう中道とは、そのような左右に対する固定した真ん中をいうのではありません。一切の偏りをも内に含みながら、常に真理を求めて流動するものこそ中道といえましょう。

ところが、ぬるま湯につかったような感じの平和に飽き飽きしている青年や、刺戟だけを求める青年たちにとって、左右いずれかの一辺倒に偏らない仏教の主張は、大声を上げてシュプレヒコールするような威勢のいいものではありませんから、魅力が感じられないのかもしれません。しかし、わたしたち宗教者としては、固定し、偏った主張や論争でなく、たとえば「有事駐留」の〝有事〟といった事態が起こらぬように、宗教を通じて平和の雰囲気《ふんいき》を醸成していく努力が本筋だと思います。

ところで、わたしは現在程度の自衛隊なら、その存在を容認すると申しましたが、日本の自衛隊は、現状でさえスエズ以東では中国を除いて最強の軍事力といわれます。それが今後、四次防、五次防というように防衛力強化の計画がどんどんエスカレートしていくことになると、容認してもいいなどと呑気《のんき》なことはいえなくなってきます。

それに、印パ紛争に際しての国連安保理事会の無力さなどを見るにつけても、「国連は頼りにならないから、やはり日本は独自で戦える軍備を持つべきだ」といった軍備拡張論が台頭してくることが心配です。とくに、発表された四次防の予算総額は五兆二千億円という膨大な金額です。そして、これにもとづいての昭和四十七年度予算の要求額は八千二百二十六億円（四十六年十二月現在）といわれます。たとえそれで軍備を整えても、外国の攻撃を受ければ数時間も保てないというのが軍事評論家の意見です。しかも、道路は悪い、全国にはまだ無医村がいっぱいある。年寄りの女性の自殺率は世界で第一位というのですから、まだまだやらなければならぬことが山積みしているのです。

こうした現状で、はたして現在以上に自衛隊の武力を増強する必要があるの

宗教者は何十年先の人類を考えて発言を

かどうか……考えてみると大きな疑問をいだかざるをえません。

たしかに目先の現象だけを見ますと、世界の各地で紛争が起こっておりますから軍備拡張も必要だ、という考えも起きましょうが、宗教者はもっと別の次元から、何十年、何百年先の人類のことを考えながら発信すべきだと、わたしは思うのです。

また専守防衛と申しましても、はたして、どれだけの金を遣って軍備を整えれば完全に防衛できるのか、その目安はまったくないのですから、それに要するエネルギーと金を平和日本の印象を世界に植つけることに当て、また国内においても、よりヒューマンな社会を造るために予算を組み、最適社会を造るにふさわしい人間づくりに予算を当てるべきだと思うのです。

ちょっと話が前後しますが、政府や新聞などで行なっている世論調査の結果を見ましても、現在程度の自衛隊ならいいけれども、これ以上に大きくなるのは困るという意見がきわめて多いことも事実ですから、政府にも大いに考えてもらわなければいけないと思います。国民の大多数は、再軍備について詳《くわ》しいことはほ

軍備は漸減より漸増の傾向をもつ

とんど知らないと思いますが、本能的というか肌《はだ》で軍備のエスカレートする危険性を感じているのだと思います。

とくに問題なのは、当局者そして軍備論者にとって、現時点の軍事力は最小限のものであって、それに対して常に不満を感じているということです。前にも述べましたが、スエズ以東では中国を除いて最強の軍備をもっていながら、それでもまだ不十分であり、最小限のものだと考えているわけです。

たとえ最大限の軍事力をもっていても、それを最小限のものとみなして、常に軍備を増強しつづけなくては不安が消えない——つまり、軍備というものは黙っていると、漸減よりも漸増していくものだということに注意する必要がありましょう。

ながながと話しましたが、要するにわたしたち宗教者は、「生きとし生けるものを損《そこな》う人は、そのゆえに高貴ではない。あらゆる生きものを損わないならば、その人こそ高貴な人と呼ばれる」（『法句経《ほっくぎょう》』二七〇番）ということ、それから「攻撃用の武器をもっていながら、相手を真に愛することはできない」ということ、この二つのことを、しっかりと肝《きも》に銘じておくことが何よりも大切です。

ものごとには順序というものがあります。心臓が悪いからといって、いきなり手術をする医者はおりません。手術に耐えられる体力、輸血の準備といった万全の態勢を整えることによって、はじめて悪い部分の手術にとりかかれるのと同様に、わたしたちは、自衛隊をなくす、なくさないという現実無視の議論をすることよりも、自衛隊の出動を必要としない世界を造ることに努力すべきでしょう。そうした努力、平和のための人間のトレーニングができてこそ、初めて自衛隊の存廃を云々《うんぬん》しうる条件が整ったといえるのではないでしょうか。

自衛隊があるよりも、なくてもすむような安全な世界であり、日本であってほしいのは当然のことです。

しかし、そのためには、くり返していうように、自衛隊を国際的な戦争行為の主体にさせてはなりませんし、その一方で、戦争を起こしそうな客体的な諸条件をなくすために、世界の諸宗教者と力を合わせて危険な芽を小さなうちにつみとる努力をしなければならないのです。自衛隊が動く前に政治家の平和外交が必要であり、さらにその前に宗教者の平和活動が先行しなければなりません。それが活発になるならば、そして、それが世界中の宗教者の協力の下に捨身で実行されるならば、そのときこそ自衛隊は存廃論議に口角泡《あわ》を飛ばすまでもなく必要のないものになると思うのです。

平和憲法について

平和の問題ということになりますと、どうしても日本国憲法の第九条に触れなければなりませんが、これについては、どう考えておられるでしょうか。おうかがいしたいと思います。

わたしは憲法の専門家ではありませんから、ここで憲法論議を展開しようとは

平和憲法を大切にしよう

思いませんが、日ごろ、それについて考えていることだけを述べてみたいと思います。

まず、わたしは、この平和憲法を大事にしなければならないことを、常に申し上げております。

この憲法の前文には「平和を愛する諸国民の公正と信義に信頼して、われらの安全と生存を保持しようと決意した」と明示され、ここに絶対非武装の憲法が制定されたわけです。もちろん、現憲法に対しましては、押しつけの占領憲法とか、マッカーサー憲法などという批判もありますが、とにかく、他の国々では求めようとしてもできない形の憲法を労せずして得たのですから、なんとかこれを維持していきたいものですし、また維持できるような世界にしたいものです。

とくに、日本最初の憲法といわれる聖徳太子の十七条憲法の初めには、「一に曰《いわ》く。和を以《もっ》て貴しと為《な》す」とありますが、この和の憲法と現在の平和憲法を、わたしたち日本人は胸に刻み、肝に銘じておきたいものです。

それから、いま一つ、わたしが申しておきたいことは、条文解釈というものは、読みようによっては、――いや、読む人の心によってはと言ったほうが正しいでしょう――ある程度の幅が生じるものだということです。例えば、いくら自衛隊が違憲であるといっても、例えば第九条の、

「日本国民は、正義と秩序を基調とする国際平和を誠実に希求し、国権の発動たる戦争と、武力による威嚇《いかく》または武力の行使は、国際紛争を解決する手段としては、永久にこれを放棄する。

前項の目的を達するため、陸海空軍その他の戦力は、これを保持しない。国の交戦権は、これを認めない」――を、次のように理解することもできるのです。

〝前項の目的を達するため、陸海空軍その他の戦力は、これを保持しない〟とあるが、それでは〝前項の目的以外のものであれば戦力を保持してもよいはず〟というような弾力的解釈も論理的には成り立つわけです。

したがって、条文を一つの意図で拡大解釈していけば、自衛隊の組織を次々と大きくしていくことができるのです。公表された三矢《みつや》研究や四次防、五次防というように、だんだんエスカレート（拡大）していく危険性が強く感じられるような

憲法の条文で戦争が起こるのではない

ことになれば、それに反対することが宗教者として必要になってまいりましょう。

そこで、この憲法解釈から、わたしがもう一つふれておきたいのは、〝憲法によって戦争が起こるのではない〟ということです。これはまことに素朴《そぼく》な表現ですが、とにかく憲法の条文だけで戦争が起こるのではないということを申しておきたいと思います。また反対に、いかに憲法の条文を美しいヒューマニズムの文章でつづったとしても、それだけで平和が保障されるのではないということでもあります。

いまあげましたような、読み違えというよりは意識的な読み変えは、例えば、日蓮聖人の御遺文解釈でもみられることです。また、禅寺の入口に立てられている〝不許葷酒《くんしゅ》入山門〟の文字をご存知のかたは多いと思いますが、もちろん、これの本当の読み方は〝葷酒山門に入るを許さず〟ですから、その意味は、ニラ・ニンニクのような精力の強い野菜類や酒を山門から寺へ持ち込んではいけない、ということです。しかし、どうしても酒がのみたくて仕様のない者は、自分の都合のよいように〝葷（ニンニク類）は許さず、酒は山門に入る〟と読んだり、〝あに葷酒の山門に入るを許さざらんや〟と読んだりします。結局は、持ち込みを許さないための戒律も〝許さざるの葷酒山門に入る〟ということになって、戒は破られてしまいます。つまり、憲法条文の解釈にいたしましても、心しだいで拡大解釈ができるということになりましょう。

要するにアメリカの憲法にしても、日本の戦前の明治憲法にしても、あるいはまた英国の憲法にしても、真っ向から侵略戦争を鼓吹するような好戦的な条文を掲げたものは一つもありません。それにもかかわらず人類の歴史は戦争の歴史だったといわれるくらいに戦争がおこっています。結局は、憲法の条文から戦争がおこるのではなく、不信の心、憎しみの心、欲の心を基調にした経済、外交、軍事上の摩擦から戦争になるのだということを、まず肝に銘じておきたいものです。

それから、いまお話ししていて思い出したのですが、第一次大戦中に、ドイツの首相だったベートマン・ホルウェッヒは、「条約は紙屑《かみくず》である」という迷言？をはいて、各国を怒らせたといわれていますが、たしかに条約というものは、畏《おそ》れを知らない人にとっては、紙屑になってしまうということでしょう。

人権について

〝非武装〟〝開発〟につづく、もう一つの柱は、〝人権〟であるときいていますが……。

平和の要件のひとつは人権尊重

　そのとおりです。平和のもう一つの要件は、人権の尊重・擁護ということです。すべての人が生きる権利を平等に持った存在であることを、お互いに認め合い、尊重し合い、形の上でも、その権利を守り合うということです。このようにして、お互いの間に憎悪・侮蔑《ぶべつ》などの感情がなくなり、人間対人間として対等につきあい、仲良く仕事をしたり遊んだりするようになってこそ、世の中には真の平和が訪れるのです。

日本でも、徳川時代までは人間同士の間にははなはだしい差別がありました。百姓・町民が過って武士の足を踏んだとか、差している刀にからだが触れたとかいうだけで、斬《き》って捨てられました。百姓・町人は木綿物しか着ることができず、階級や職業によって縞柄《しまがら》まで決まっていました。住まいにしても、すこし大きな家を建てると、お咎《とが》めを受けたものです。

男女の間にもこうした差別があり、同じ家族でも主人や男の子が食事をしてしまってからでないと、母親や妻や女の子は食べることができなかったり、夫のかってな（たとえば、子どもができないとか、お茶をよく飲むとかの）理由で、妻が離縁されても文句はいえませんでした。

職業はおおむね世襲であり、武士の子はどんなに出来が悪くても万民の上に立ち、町人の子はどんなに優秀でも社会の下層にへいつくばって生活しなければなりませんでした。こういうことは、現在の日本ではほとんど考えられないことでしょうが、世界のあちこちには、まだまだたくさん残っているのです。

わたしはよくインドに旅行しますが、インドのホテルでは、部屋の床をふきに

人権無視と侵害は今でもある

くるボーイは、けっしてベッドを直したり、テーブルやイスの掃除をしたりなどしません。聞いてみますと、かれらは不可触民《ハリジャン》と呼ばれる階級の人たちだというのです。不可触民は、何世紀もの間、衣服も着ることができず、教育も拒まれ、宗教を信ずることも許されていなかったのだそうです。牛馬と同様に扱われ〝最下等〟の仕事しか与えられなかったのです。

現在は憲法によって基本的人権が与えられてはいますが、実際の市民生活においては、さきの床ふきボーイのように差別待遇を受けているのです。ヒンズー教の寺院などに入ることも拒否され（この人たちが、最近、新仏教徒としてよみがえったのはうれしいことですが）、学校へ行っても仲間はずれにされ、しかたなく動物同然の〝生存〟をつづけているのです。いや、生存ができればいいほうで、もし犯罪を犯したならば、刑法によって処分される前にリンチを加えられ、最近の二年間に千百二十人もの人が、そのため死んでいるということです。

これと似たようなことは、南アフリカ共和国でも行なわれています。いや、この国では国法によって公然と人種差別（アパルトヘイト）をやっているのです。白人の都市が黒人によって〝汚染〟されることをおそれ、白人の職業を確保するために黒人を一定の居留地に押し込め、パス法という法律で縛って、行動の自由を奪っています。黒人が家とか土地とかの不動産を取得するのは禁止され、郷里から妻子を呼び寄せることも禁止され、大学を出てもバスの運転手が最高の職業であるといいます。

高度の〝文明国〟アメリカでも、黒人に対する差別待遇は根強いものがあります。バスや映画館の席が別々になっているところや、プールに黒人が入ることを禁止したりするところなど、実例はたくさんあります。いわんや、それほど明らかに表現されない隠然たる侮蔑《ぶべつ》と差別は、アメリカ社会に満ち満ちているといってもいいでしょう。

人権の侵害は、平和の問題と直接つながるものです。抑圧と差別に苦しんでいる人びとは、せめて人並みの生活をかちとるために、いや、それよりも耐えがたい侮蔑からのがれ、人間の誇りを回復するために、死を賭《と》して立ち上がります。そして、多くの人の血が流され、命が奪われる結果となるのです。

ですから、世界に平和を実現するためには、人権の問題をおろそかにすることは許されないのです。とりわけ、われわれ宗教者がこの問題についてウヤムヤな態度をとるならば、宗教の真実性は地に堕《お》ちてしまうことでしょう。なぜならば、どの宗教においても「人間の平等」こそ、教義の根幹をなすものであるからです。

それについて、京都会議の「人権」研究部会で、議長の飯坂良明《よしあき》学習院大学教授が冒頭に述べられた次の発言は、まことに力強く、かつ適切なものであったと、今も胸に残っています。

「政治的な問題だからといって、避ける必要はない。同時に、政治問題を超えたところから、宗教者として論ずる態度を失ってはならないと考えます」

わたしはいま、インド、南ア、そしてアメリカにおける人種差別、階級差別についてふれましたが、日本のわたしたちも、根本のところにおいて人を軽んずる心があるかないかを考えてみる必要がありましょう。卑近な例でいえば、日本人

人類すべてを己が隣人として見よ

は肩書に弱いといわれます。立派な名刺をもっている人には丁重ですが、肩書などをもっていない人に対してはそっけなく、冷淡だというのも、わたしたちの日常にみる差別観ではないでしょうか。

交通網が発達し、地球が著しく小さくなった今日、そして他の天体から地球を一つの星として眺《なが》められるようになった今日では、地球は一つの船であり、その上に住む人類はみんな兄弟、という表現が如実に理解できる時代になっているのです。ですから、人間のつくった国境とか皮膚の色の違いでいがみ合うのは、まことに愚かなことといえます。数年前に教皇パウロ六世が演説されたなかで「すべての宗教は人類の救済を目指すべきであって、そのためには人類すべてを己が隣人と見ることが大切である」といわれたのを記憶しています。アメリカでも人種問題があるではないか、と批判するのは簡単ですが、そうした中で黒人のために尽くしているアメリカ人を、わたしはずいぶん知っています。立正佼成会で英会話や「コーセイ・タイムズ」の編集に携わっておりましたユニテリアンのグリーン氏などは黒人の赤ちゃんを引き取ってわが子のように育てておりますし、コミュニティ・チャーチのハリントン博士も、黒人を幹部に起用しております。

人間の尊さは何を成したかできまる

わたしども仏教徒にとっての教主・釈尊は「人間の尊さは生まれによって決まるのではなく、何をなしたかという行為によって決まる」といった意味のことを申されております。ガンジーなども、たいへんな数にのぼるインドのカーストを、全廃といかぬまでも、せめて基本のバラモン・王族・経済産業人・労働者の四階級（四姓）に戻《もど》したいと努力したようですが、ついに実現をみておりません。宮本正尊《しょうそん》博士などは、この四つの階級に分ける根本理由は四つの皮膚の色で、かつてインドに攻め込んだ白色のアーリア人が黒人に対して、自分たちの優位を保持するためにカースト制度が生まれたのだといわれております。とくに、この四つの階級の最上位にバラモンがおかれているのは、そのアーリア人の祭《さい》祀《し》を司《つかさど》るのがバラモンだったからだといわれております。

その意味で、さきほども申しましたように、「人間の尊さは生まれによって決まるのではない」といわれてカースト制度を批判された釈尊こそ、宮本博士の言葉どおり「人種問題と階級制度について、平等と秩序の理念を明確にした世界最初のヒューマニストであった」（『大法輪』昭和四十七年二月号）ということができましょう。

こういうわけですから、先進国といわれる国々でも、この人権という問題については、いよいよ深く自省し、その改善に努力していかなければならないと同時に、いわゆる開発途上国に対しては、産業・経済面の開発とともに、それらの国国の人びとの人権の擁護・確立について、大いに力を貸してあげなければなりません。それでなくては世界に真の平和はやってこないのです。

ところで、ここでぜひ一言しておきたいのは、宗教家の一つの大きな役目として、人間の権利思想の行き過ぎにブレーキをかける活動が必要である、ということです。といえば、人権の確立とは逆の方向のことを言っているようですけれども、けっしてそうではありません。それは、こういうわけです。

人間らしく生きる権利の中には、財産を持つ権利とか、働く権利とか、自由にものを言う権利といった、いろいろなものが包含されているのですが、ともすると、自分が持つそういった権利ばかりを振り回し、それが他の多くの人びとに迷惑をかけることがあっても、いっこうに顧みない人がおります。もし、そんな人が世の中に充満するようなことになりますと、当然の結果として、お互いの権利の主張と主張とが衝突し、摩擦し、争いが絶えることがありません。そして、それが暴力にまでエスカレートすれば世の中はメチャメチャになること必至です。しかも、それらの権利は、憲法や法律で保障されているわけですから、他からそれを抑制するということはできません。抑えるのは自分でなければならないのです。一人びとりが他の多くの人びとのことを思いやり、自らの権利の主張をほどほどに自制するという気持ちがなくては、この問題を解決することは絶対にできないのです。

そこに宗教でなくてはできない役割があります。愛と寛容を教える宗教によって、多くの人びとの幸福のためには自らの権利を犠牲にすることも辞さないという精神を養ってこそ、そして、そういう精神の持ち主が多数を占めるようになってこそ、真の平和世界は実現するのです。また、さし当たっての現実の問題として、一国内の人間の生きる権利や幸福と、人類全体の生きる権利や幸福とが違背しないように見守り、その是正のための声を上げることも、世界の宗教者が協力して取り組むべきテーマの一つであろうと思います。

公害について

公害の問題も、ここ数年は、広義の〝平和〟に結びつけて取り組まれているようですが……。

そうですね。これまでは核戦争が人類を滅ぼすだろう、といわれてきましたが、現在では、もっと恐ろしい人類絶滅の危機が、われわれ自身の手でジワジワと推し進められつつあるのは、皆さんがすでにご存知のとおりです。すなわち、大気・水・土壌の汚染、植物の乱伐、無秩序な地形の変更、大量廃棄物の堆積《たいせき》などによる自然の破壊です。人口の爆発が、主として開発途上国の問題であるのに対して、これは工業を主要産業とする、いわゆる先進国がその責めを負わねばならぬ重大事です。

現在、開発が後れているといわれている国々にも、過去に、いろいろな形で自然破壊をした報いを受けている例が多数あります。たとえば中インドあたりは、汽車で三日も旅する間に林らしい林を見ることのできぬ荒野で、乾期には土地がカチカチに固まり、雨期には、道も畑も水浸しになるという住みにくい土地ですが、かつては鬱蒼《うつそう》とした森林に囲まれた、豊かな国土だったのだそうです。それが、森林の乱伐によって、現在のような状態になってしまったというのです。

また、カイロからアルジェリアへかけての砂ばく地帯は、これも、かつては美しい森林の連なる地帯だったそうです。それが、十九世紀から二十世紀にかけて、その森林の三分の二が伐採されてヨーロッパへ送られたために急速に荒廃し、現在の砂漠《さばく》と化してしまったのだ、といわれています。

ところが、現在アメリカや日本をはじめとする工業諸国が犯している自然破壊の害悪は、そのような局地的なものではすまされなくなっているのです。大気の汚れに限って考えても、自動車・ジェット機・各種工場から吐き出される炭酸ガスは年々その量を増し、反対に、地上や海中の植物は衰亡の傾向をたどっているために、それらが供給してくれる酸素の量は減る一方で、この調子で進んでいけば、これから三十年間に人間の捨てる炭酸ガスの量が、自然大気中の炭酸ガス量の半分を越える計算になる、といわれています。人間は、みずからを窒息させようとしているのです。

さらに、今世紀末に日本に降る雨は、年間六千万トンの硫酸を含み、食用の酢と同じくらい、すっぱくなるといわれます。そうなれば、木や草はすべて枯死し、海中の藻《も》も枯れ、したがって人間も生きてはいられなくなること必定《ひつじょう》です。これは、先の話ではなく、今この瞬間にも、どんどん事態は進行しているのです。

こういう事態は、どうして起こってきたのかといいますと、その近因はいまさら説明するまでもありませんが、その遠因は西欧的な人間本位の世界観にあると、わたしは思います。わかりやすくいえば、万物は人間のために造られているという思想です。

こういう思想から当然導き出されるのは、人間の幸福のためには人間以外の、あらゆる生物・無生物を、どんなに酷使し、どんなに殺生してもかまわない……という考え方です。そういう考え方から「できるだけ楽をして、できるだけ大量の物を生産し、それをドンドン消費して、豊かな生活をしよう」という経済観念が生まれました。

そういう経済観念が、どういう結果を生んだかといいますと、たとえば、農作物を大量生産するために、強い農薬で害虫を殺したまではよかったのですが、人間のためになる微生物や、こん虫や、鳥までも殺し、その農薬は土壌中に残存して食物の中にはいりこみ、かえって人間の健康を脅《おびや》かし、母乳から赤ちゃんの口にまではいりこんでいくという、恐ろしい事態をひきおこしてしまいました。

自動車・ジェット機・工場から排出される有害ガスにしても、川や海を汚染している廃液やヘドロにしても、処理能力を越えたゴミの山にしても、すべては人間本位の、わがまま・おごり・むさぼりから生じているのです。

諸法無我の真理を

このような自殺的な公害をなくすために、宗教者がなすべきことは、まず精神的革命を進めることです。仏教の〝諸法無我〟の真理、すなわち「この世の万物万象は、ひとつとして独立した存在（我）はない。すべて、ある原因（因）と条件（縁）が造り現わしているものであり、したがって、すべてが相依相関している存在である。これを人間に即していえば、人間は天地の万物万象によって生かされているのである」という思想を、世に徹底させることです。

そういう心の改革と並行して、現実の面から自然破壊を厳しくチェックする行動を起こさなければ、間に合わなくなってしまうおそれがあります。

それは、前に述べた非武装・開発・人権・人口増加の諸問題についても同様であって、こうした緊急の問題と具体的に取り組んでいくことが、現代人の菩薩行《ぼさつぎょう》として欠くことのできない要件であると思うのです。

明るい社会づくり運動について

ただいまは、公害の問題についておうかがいしたわけですが、次に明るい社会づくり運動を中心にして、お話しいただきたいと思います。

たとえば、公害問題については、政府とか中央・地方の行政機関に対して、その誤りをチェックし、その改善をうながすための活動も必要でしょう。そのためには、その地域に住む住民の結束と熱意がなければなりません。その意味から、立正佼成会では、社会を明るくする運動を数年前から実施しているわけです。

社会を明るくすることの反対は、申すまでもなく、社会を暗くすることです。それでは、現在の社会を暗くしているものに、いったい何があるでしょうか。もちろん地域格差はありますが、まず公害、交通戦争、青少年非行化と教育問題、自然環境の破壊などが考えられます。こうした社会と、そこに住む人びとの心を暗くしている諸問題に対して、地域住民が無関心であったり、政治のせいだけにしたりしないで、みずから真剣に取り組むことが必要でしょう。その意味で、〝明るい社会づくり大会〟を全国各地で開いているのです。

一隅を照らすことの大切さ

しかし、このようにいろいろと社会を暗くする問題が数え上げられるにしても、その根本原因は、人間の道義の低下、もっと平易にいえば〝他の人はともかく、自分さえ良ければ……〟という利己心の一語に尽きるのではないでしょうか。そこで、明るい社会づくり大会などでは、まず自分が光となって社会の一隅《いちぐう》を照らすことの大切さを強調したいと思うのです。

しかし、その大会もまだ啓発の段階ですが、今後は、それぞれの地域に「明るい社会づくり事務局」といったものを設け、そこに交通問題委員会とか、教育懇談会とか、公害防止委員会といったものを置いて、多くの人びとに呼びかけ、非人間的な諸問題に対してヒューマンな活動をしてもらいたいと思います。いまヒューマンな活動といいましたが、これからは、騒音とホコリを立てずに土木や建築の工事をしたり、排気ガスを出さない自動車を生産したり、コストの安い廃棄物処理施設を造るといったような、社会の安全に寄与するヒューマンな企業が栄えることでしょうし、また、そうした社会にしなければいけないのです。

聞くところによりますと、現に東京の各教会では、区内の緑化や環境整備に力強い動きを始めておられるようですし、地方でも人生相談所を設置し、法律の専門家などとも協力して、家庭内のトラブルをはじめ、いろいろな問題の解決に当たっておられることは、まことにうれしいことです。要するに、その地域ごとの実情に即して、活発な活動を展開していただきたいものです。

ただし、ここで、ぜひ一言したいことは、要請とか主張がたんに主観的な感情から発しただけのものであってはなりませんし、相手に要求をするにしても、あくまでも信仰者らしい節度をもって、非暴力に徹して行なっていただきたいものです。平和のために暴力を用いるようなことがあったら、こんな矛盾はありますまい。

また、最近は何かというと公害、公害と騒ぐのが流行していて、たとえば〝近くの池のカエルが繁殖してうるさい。これは騒音公害だから取り締まれ〃といった苦情までが、役所にもちこまれるそうです。こういったものは、正しい環境づくりというよりも、自己中心の誤った権利意識というものでしょう。

だいたい、人間というものは独りでは何もできませんし、生きていけないものです（生存はできるでしょうが……）。その意味で、インド人が人のことをプルシャとかマヌシャとか（puruṣa, manuṣya）、いずれも複数の意味をもった言葉で呼んでいることに感心させられます。仏教は、人間の心の平和とともに人類平和への道も説いているのですが、とかく仏教というと、個々の人間の内なる問題だけを取り扱うものだと一般に思われているのは、残念なことです。端的に申しますと、自業自得の論理だけが強調されて、社会的にものごとを追求するというか、社会の問題に対して自分にも責任があるという、そうした考え方をする共業共果《ぐうごうぐうか》の問題のほうが、きわめておろそかにされていることは否定できません。仏教は十万億土の彼方にあると称する西方浄土だけを説いているのではないのです。常寂光土《じょうじゃっこうど》を、この地上に建設しなければならないことが、キリスト教の〝神の栄光を、この地上に顕《あらわ》す〟といった理想と同じように説かれているのですが、仏教の場合は、キリスト教が世界のすみずみの未開地まで宣教師を送り、医療・教育・貧困救済・孤児養育その他の事業を実施してきたのに比べて、その理想実現のための活動がはるかに弱いことは事実でしょう。

それはさておき、共業共果の問題は仏教が諸法無我（一〇一ページ参照）を説く以上、当然、考えられなければならない問題なのです。例えば酒を飲みすぎて胃を痛めるとか、暴走して事故をおこすとかは明白な自業自得の問題でしょうが、それとは別に、公害病が発生する地域と時代に自分が生活しなければならぬといった問題を自分の心が招いたものとかたづけているだけでは、完全な解決にはなりません。これを共業共果の問題として、この時代に共に生き、共に苦しまなければならない者の共通の問題として、社会的、科学的に解決することを考え、行動すべきです。

こういう点について、従来の仏教が後れていた一面を謙虚に反省する必要がありましょう。これまでの仏教は、どちらかといえば世俗の問題を超越することに専《もっぱ》らであって、現実と取り組むことに欠けていたといわれても仕方がないと思います。現実を知らずして、どうして現実を超越することができましょう。

独善性という人間の心にもメスを

かといって、宗教のもつ根本的な働きを二の次にしていいというのでは決してありません。ごく最近では、公害の恐ろしさよりも、むしろ、宗教を棄《す》てた人間の内面的崩壊のほうがはるかに恐ろしいことが、識者によって警告されていま す。梅原猛《たけし》氏なども、宗教と道徳を失って人間が一日一日と獣に帰っていきつつあることを嘆かれるとともに、この人間の内的崩壊が自然の外的崩壊をもひきおこしていることを指摘されています。このように考えますと、宗教者の今日果たさねばならぬ役割はまことに重大なものがあります。たんに目の前に発生している公害現象を排除するためだけに立ち上がるのであれば、それは他の一般団体や地域住民グループでもできましょうが、それとともに宗教者は、他の迷惑をかえりみない独善性という人間の心にメスをいれなければなりません。それがなくては本質的な公害対策とはいえないのです。

話があちこちに飛びますが、いまや吐き出される膨大なゴミをどう処理するかが大問題となりつつあります。これも市民一人びとりの協力なくしては処理できない状態にきています。都市社会学者の磯村英一氏のお話によると、ドイツの主要都市では、市民に対して厨芥《ちゅうかい》と雑芥とを厳密に区別することを要請しており、同氏がホテルでバナナの皮を雑芥のゴミ入れに棄てたところ、掃除人からたいへん叱《しか》られたということです。また、リンゴの皮をむいているとドイツ人の友人に、皮を棄てると栄養分が少なくなるし、そのうえ厨芥が多くなるだけだからやめなさい、と説教されたというのです。とにかくゴミ戦争といわれる今日、そのゴミを発生させる源はわたしたち市民の各自なのですから、そこまでさかのぼって改めなければ問題の解決はできないという指摘は、問題の本質を正しくついていると思います。

ですから、ゴミ処理場をあっちにもっていく、こっちにもっていくといった押し問答よりも、一人びとりのゴミに対する処理協力の心を指導することのほうが先決だといえましょう。とくに申し上げたいのは、平和を叫びはするが自分の心や家庭はでたらめだ、というのであってはならないということです。

第三章　仏教は平和の教え

法華経は最高の平和思想

平和は人類全体が取り組むべき課題ですが、その中でも宗教者の使命は、とりわけ大きいことを自覚させられます。仏教は平和の教えであると思いますが、会長先生が平和活動に取り組まれるようになった宗教的な背景をおうかがいしたいと思います。

わたしは自分が平和人間であるという自負をもっておりますが、どうして、そのような人間が形成されたかを冷静に分析して考えてみますと、先天的な気質は別問題として、おおむね次の三つの原因と条件によるもののように思われます。

第一には、幼・少年時代を大自然の中で過ごしたことです。

第二には、育った家庭のふんい気が明るく和《なご》やかであったことです。

わたしを育てた家庭環境については他の著書でくわしくのべておりますので、ここでは省略いたしますが、いずれにしても、自分の生まれ育った家を思い出してみますと、昔から言われてきた「三つ子の魂百まで」という諺《ことわざ》は、つくづく、ほんとうだと思われるのです。

平和思想をもてたのは法華経に出遇ってから

第三は、法華経に遇《あ》うことができたということです。

第一と第二は、わたしという一個の人間の平和的な性格や気質を形成したと思われるものですが、そうしたムード的なものに確固とした裏づけを与える平和思想というものを持ちえたのは、じつに法華経に値遇《ちぐう》してからです。

法華経を知ったときの感動は、いまだに生々しく胸に残っています。恩師・新井助信《すけのぶ》先生の講義を聴き進んでいくうちに、これこそは人間という人間を一人残らず救う個人成仏の大法則であると同時に、世界を一つの平和な浄土に変えうる国土成仏の教えでもあることがわかってきました。心も、肉体も、個人も、社会も、山・川・草・木も、鳥・獣・虫・魚も、何ものも余すところはないのです。

その広大無辺さには、ただただびっくりするばかりでした。この法華経に出遇《であ》ったことによって、わたしの生き方の方向と、その思想的根拠が確立し、それからのちは、大きな自信を持ってものごとに当たることができるようになりました。もちろん、まだ若くて未熟な人間でしたから、いろいろな試行錯誤《しこうさくご》はありましたけれども、事に当たってためらわぬ自信を持ち得たことは一生の幸せだと思います。

現在、わたしが一身をささげて平和の問題に取り組んでいるのも、法華経という最高の平和思想に支えられているからなのです。

釈尊こそ平和の大師表

仏教全般、また、その精髄である法華経が平和の教えであるということは、それをお説きになったお釈迦さまご自身が平和に徹しられたかただったということとだと思うのですが……。

そのとおりです。わたしは、釈尊こそ平和の大師表である——と申し上げたいと思います。前問への答で、わたしは、青年時代に法華経に遇《あ》ったときの感動について述べました。そして、法華経によって確固とした根拠のある平和思想を持つことができた、とお話ししました。そのとき、とりわけ新鮮な驚きを覚えたのは「提婆《だいば》達多《だった》品《ほん》第十二」でした。

その中に『等正覚を成じて広く衆生を度すること、皆提婆達多が善知識に因《よ》るが故《ゆえ》なり』とあるのに接したときは、わが目、わが耳を疑ったものでした。つまり、お釈迦さまご自身のお言葉として「自分が仏の悟りを得て広く人類を救うことができるようになったのは、ひとえに提婆達多という善い友のお陰である」と仰せられているのです。しかも、そのあとで「提婆は将来、必ず仏になるであろう」という予言さえしておられるのです。

提婆達多は善知識

提婆達多というのは、ご承知のとおり、お釈迦さまとは従兄弟《いとこ》同士の間がらで、お弟子に加わっていたのですが、頭は良かったのに心がヒネクれていたために、ことごとに反抗するようになり、ついに教団を脱退してしまった弟子です。脱退しただけではありません。お釈迦さまに深く帰依していた時の国王ビンビサーラと釈尊教団の結び付きを潰滅《かいめつ》させ、自分が取って代わろうと企て、太子アジャセをそそのかして父王を殺させようとしました。その扇動《せんどう》に乗った太子は父王を牢獄《ろうごく》に押し込め、餓死させようとしました。あまつさえ、母のイダイケ夫人《ぶにん》が夫の命を存《なが》らえさせるために、体に蜜や粉を塗って牢獄を見舞っていることを知って、母までも王宮に閉じこめてしまったのです。

このようにして太子はついに王位を得、提婆達多は、その保護の下に新教団を造り上げ、とにもかくにも望みを達することができました。提婆達多は三十年もの間お釈迦さまの下で修行を積んだだけあって、法の知識は申し分なく、説法も巧みで、また神通をあらわして大衆の賛嘆をかちえるなどしましたので、その下には多くの信者たちが集まり、数の上では釈尊教団に匹敵するほどの勢力となりました。

それだけでも、尊族殺人、正法誹謗《ひぼう》と破和合僧《はわごうそう》（教団の和をやぶる）の大それた罪であるのに、提婆達多は釈尊のお命までも奪おうとしたのでした。先に提婆がアジャセ太子をそそのかして父王を殺させたとき、自分は釈尊を害したてまつろうと約束していたのです。

その約束どおり、まず三十一人の弓の名手を差し向けましたが、かれらは、お釈迦さまに近づくと、その言い知れぬ尊容に打たれて思わず弓矢を投げ出し、地にひれ伏して懺悔《さんげ》し、その場でお弟子の中に加えていただきました。

そこで提婆達多は、いよいよ自ら手を下そうと決意し、ある日、霊鷲山《りょうじゅせん》のガケの上からお釈迦さま目がけて大岩を転がし落としました。岩は途中で二つに割れ、小さなほうがみ足に当たり、多量の出血を見るほどの傷を負われました。お釈迦さまは痛みをこらえながら精舎にお帰りになり、提婆達多をこらしめようと立ち騒ぐ人びとを押しとどめられ、静かに横になっておられました。その傷はなかなか治りませんでしたが、名医・耆婆《ぎば》が切開手術をしてお治し申し上げたと伝えられています。

人力では、とうていお釈迦さまを害したてまつることは不可能だと考えた提婆達多は、こんどは気の荒い大象に酒を飲ませた上で、托鉢《たくはつ》中のお釈迦さま目がけて放ちました。象は地響きを立てながら突進してきました。思わず飛び出して、その前に立ちふさがった常随の弟子阿難《あなん》を制せられたお釈迦さまは、慈悲三昧《ざんまい》に入られながら、しずしずと象の正面へ歩み寄られると、象はにわかにネコのようにおとなしくなり、お釈迦さまの前にひざまずき、み足を舐《ねぶ》って立ち去っていったといいます。

その後アジャセ王の心には、しだいに自分の大罪を悔いる思いがわいてきて、ついにお釈迦さまのみ下にまいって懺悔申し上げ、その教えを受ける身となりました。最大の拠《よ》りどころであったアジャセ王を失った提婆達多は、まったく哀れな存在となりました。信者たちもつぎつぎに去ってゆき、托鉢に出ても食物を布施する家はなく、自暴自棄となったかれは、その後もさまざまの悪行を重ね、ついに生きながら地獄へ墜《お》ちていった、と仏伝は伝えています。

非暴力は暴力より強い

こうした提婆達多の悪行と、それを一身に受けられたお釈迦さまのご態度をつくづくと比べ合わせてみますと、そこから、われわれは無限の教訓をくみ取ることができます。暴力と非暴力のさまざまな姿を見ることができます。端的に言えば、暴力と非暴力とどちらが強いか、どちらが最後の勝利を得るかをまざまざと見ることができます。

さて、『法華経』の「提婆達多品」においては、お釈迦さまがまず過去世における提婆達多と釈尊ご自身との物語をなさいます。前世におけるお釈迦さまは、長い間、国王の地位にあられましたが、その安楽な暮らしに満足せず、完全な真理の教えを求め続けておられました。そして、その教えを得るためには自己の生活のすべてを犠牲にしてもかまわない——と、お考えになって、ついに「世のすべての人を救う教えを説いてくれる人があれば、わたしは一生涯《いっしょうがい》その人に仕えて、身の回りの世話をしよう」という、お触れを全国に出されたのです。

すると、ひとりの仙人《せんにん》がやってきて「わたくしは、世のすべての人を救う妙法蓮華という教えを知っています。もし、王さまがお触れのとおりのことをなさいますならば、必ず、その教えを説いて差し上げましょう」と申しました。

王は即座に、その仙人の召使になりました。木の実を集めてきたり、水をくんだり、生活万端の世話をしたばかりか、地べたにうつぶせになって師の仙人の腰掛けになるということまでしたのです。そういう努力をしながら、その最高無上の教えを聞くことができたのです。

お釈迦さまは、この話をなさってから「わたしが仏の悟りを得たのは、前世の、そうした修行が大きな遠因となっているのですが、じつは、その仙人というのは、あの提婆達多の前世の身にほかならないのです」と仰せられて、先にも述べたように、「等正覚を成じて広く衆生を度すること、皆提婆達多が善知識に因《よ》るが故なり」と仰せられているのです。

無我の心こそ絶対平和への道

現実における提婆達多の数々の反逆・暴行と考え合わせてみるとき、なんというお釈迦さまのみ心の広さでしょう。寛容などという言葉をはるかに超えた、澄みに澄んだ無我の心境というほかはありません。この無我こそが涅槃《ねはん》（絶対平和）への大直道《だいじきどう》であることを、われわれは、この品《ほん》（章）の、このくだりから深く学びとることができるのです。

お釈迦さまのような無我の心の持ち主ともなれば、善いことも悪いことも、すべてが悟りの因となります。それゆえ、天地の万物に対し、身の回りに起こるすべての事がらに対し、ご自分の悟りを助けてくれるものとして、おのずから感謝の気持ちを持たれるのです。したがって提婆達多の迫害に遇《あ》われても、それを恐れたり、恨んだりする心が起こらず、相手と対抗して争おうという気持ちも起こらないのです。これこそが絶対平和への道でなくて何でありましょうか。

平和の思想の経説

そうした釈尊の絶対平和の思想を、経説として説かれたものには、どんなものがあるでしょうか。

代表的なものに、有名な『仏説長寿王経』があります。
それは、あらまし次のような物語です。

むかし、インドのコーサラ国に、長寿王という慈悲深い王さまがおられました。国民は王さまの教えのとおり、みんな仲よくし、よく働きましたので、生活は豊かで、国中がほんとうに平和でした。

ところが、隣国のカーシャという国の王は、たいへんわがままな人で、コーサラ国の繁栄をうらやましく思い、戦争をしかけて国を取ってしまおう、と企てました。それを聞いたコーサラ国の大臣たちは、さっそく、にわかづくりの兵隊を集め、応戦の準備をしました。

しかし長寿王は、大臣たちを集めて言い渡しました。「この国の土地も、国民も、財産も、カーシャ国王に任せよう」——大臣たちは驚いて、「王さま、どうして、そんなことを仰せられるのですか。わたくしどもは、王さまのために命に懸けて戦います」と、真心から申し上げました。

長寿王は、静かにお答えになりました。「この国を取られまいと戦争をすれば、必ず、たくさんの国民が死んだり怪我をすることになる。そんな可哀想なことは、わたしにはできない。とても忍び得ない」。それでも大臣たちは、「この国がカーシャに合併されるなんて、考えただけでもイヤでございます」と言って、承服しません。

長寿王は「それは狭い考えというものだ。何万人という国民が死んだり傷つけられるより、カーシャの治下に入ったほうがいいではないか。もし、わが国が勝ったとしたら、カーシャ国の人たちが、たくさん死ぬことになる。どこの国の人でも、死にたくはないのだよ。どんな訳があっても、人間を殺すのは、よくないことだよ」と諭されました。しかし、家来たちは、「いくら王さまのおおせでも、これればかりは承知できません」と言って、ついに軍隊を引き連れて国境へと出陣しました。

そこで長寿王は、ただひとりの王子である長生王子を呼んで言いました。「このままでは、どちらの国も、たくさんの人びとを死なせることになる。

人命より主権を重んずるのは狭い考え

多数を生かすために自分が犠牲

になるという精神

わたしたちさえいなければ、この戦いは自然にやむと思うが、どうか」「はい。わたくしも、そう思います」「よろしい。それでは二人でここを出て、山の中へ隠れよう」。

間もなく、王と王子がお城から姿を消されたことが知れ渡って、国中が大きなショックを受けました。人民たちは、「わたしたちに戦争の苦しみを受けさせないために、身をお引きになったのだ。なんというお優しい……」といって泣きました。大臣たちも、一身を犠牲にして大勢の命を救おうとされた長寿王の慈悲心に打たれて、「ああ、王さまに背いて申しわけないことをした。今からでも遅くはない。戦《いくさ》をやめよう」と評議一決し、すぐに軍を引き返しました。

こうして戦争は回避され、コーサラ国はカーシャ国王のものになりました。両国民のただの一人も命を落とすことなく済みました。ところがカーシャ国王は、国は取っても長寿王がまだ生きているうちは安心できないと考え、「長寿王の首を持ってきた者には、たくさんの賞金をとらせる」というお触れを国中に出しました。

さて、山奥に入って仙人《せんにん》のような暮らしをしていた長寿王が、ある日、木の実を採りに行って、小道でひと休みしていますと、そこへ年取った、みすぼらしい旅人が通りかかりました。異国の人らしいので声を掛けますと、旅人は、「わたくしは、コーサラ国を慕って遠い国からやってきたものです」と言います。「それはまた、どうしたわけで……」と尋ねますと、「わたくしは、この年になるまで貧乏暮らしをしていましたが、コーサラ国の王さまは困った人に施しをしてくださる情深いおかたと聞きましたので、せめて死ぬまでの短い間でも楽な暮らしがしたい、と思いまして……」と言うのでした。

長寿王は、しばらくその老人を見つめていましたが、やがて涙を流しながら「じつは、わたしが、その長寿王です」と事の始終を話し、「せっかく当てにして来られたのに、今は一文の財産もない身の上です。しかし、わたしを頼って、はるばるやって来られたあなたの志を無にすることはできません。今度の王は、わたしの首にたいへんな懸賞金をかけているそうですから、わたしの首を斬《き》って王さまのところへ持ってゆきなさい」と言われるのでした。

旅人は飛びのいて、「とんでもないことをおっしゃいます。そんなことはできません。わたくしは故郷へ帰ります。王さまは、どうぞ、ここにお隠れになっていてくださいませ」と、もと来た道へ引き返そうとします。長寿王は、

「まあ、待ちなさい。わたしは、そのうち必ず捜し出されて殺されるでしょう。同じ死ぬなら、あなたのような心のきれいな人の手にかかったほうが気持ちよく死ねます。わたしの最後の施しを、あなたにさせてください」と静かに言われます。

「いいえ、いいえ、とても王さまの首を斬るなんてことはできません」

「では、こうしなさい。わたしを縛って王のところへ連れて行きなさい。それならできるでしょう」

そうまで言われては、しかたがありません。泣く泣く王さまを縛って新王

徹底した布施の精神

の所へ連れて行きました。新王は喜んで、旅人にたくさんのほうびをやり、長寿王を獄屋に押し込め、やがて火あぶりの刑にすることにしました。

一方、父王が急にいなくなったのを心配して山から下りて来た王子は、村人たちからこの話を聞いて、ビックリすると同時に、新王のむごい仕打ちに憤激しました。そして、何とかして父王を奪い返そうと、薪売《たきぎう》りになりすまして城へ急ぎました。すると、長寿王は高い柱に縛り付けられて、今にも火あぶりにされようとしています。われを忘れて飛び出そうとする王子を、目ざとく見つけた長寿王は、柱の上で天を仰ぎながら、独り言のように言いました――。

「親の言い付けを守ることは、人の子として、いちばんたいせつなことだ。わたしは恨みを懐いて死んでいくのではない。喜んで死んでいくのだ。もし、わたしの敵《かたき》を討つものがあれば、わたしの清らかな死を恨みの血で汚すものだ。恨みに恨みをもって報いれば、また、それが恨みを生んで、いつまでも消えることがない。どちらか一方が許せば、そこで恨みが消えてしまう

恨みに恨みをもって報いれば、いつまでも消えることはない

のだ」

そう言い終わったときに、カーシャ国王は家来たちに「薪に火を付けろ」と命令しました。王子は、その後の光景を見るに忍びず、山へと走り去りました。しかし、はらわたが煮えくり返るようで、どうしても、あのカーシャ国王をそのままにしておくことはできません。父王は、もう亡くなられたのだから、言い付けに背いてもいいだろう。わたしは、やはり敵を討つのだ……と決心しました。

王子は、いやしい身分の者になりすまして、ある大臣の料理人になり、王がその大臣の邸《やしき》で食べたごちそうが特別においしかったことから、王の料理人として引き立てられました。しかも王は、この若者がことのほか気に入り、側近の侍《さむらい》に取り立てようとして、「おまえは剣の技《わざ》を習ったことがあるか」と聞きました。王子が「自信がございます」と答えますと、王は「では、わしのそばにいて、いつも守ってくれるように……。じつは、わしには一人だけ恐ろしい敵がいるのだ。それは長寿王の一子・長生王子だ」。王子は何食わぬ顔で「命に懸けてお守りいたします」と答えました。
いつ敵を討とうか……とスキをねらっていた王子に、絶好の機会がめぐってきました。王が森へ狩りに出かけて一頭のシカを追いかけているうちに、二人は、ほかの家来たちとはぐれてしまったのです。王子は長い間山で暮らしていましたので、道はよく知っていましたが、わざと迷ったふりをしていました。

疲れ果てた王は森の中で馬を下り、腰の剣を王子に預け、「しばらく眠りたいのだ。お前のヒザを貸してくれ」と言って、王子の膝《ひざ》を枕《まくら》にして眠りました。王子は、この折とばかり剣を抜いて王の胸を刺そうとしました。そのとたん、王子の心にひらめくように思い出されたのは、父王の最後の言葉です。「恨みに恨みをもって報いれば、いつまでも消えることはない」

心の鈍った王子は、剣をサヤに納めました。そのとき王がピクリと動いて目を覚まし、「ああ、夢だったのか。今、長寿王の子がわしを殺そうとしたのだ……」と言うのです。

「それは山の魔物がいたずらをしたのでしょう。わたくしがお守りしておりますから、ご安心ください」

王は、また眠りにつきました。王子は、ふたたび剣を抜いて振りかざしました。そのときまた、父王の言葉が胸に響きました。「恨みに恨みをもって報いれば……」、王子の手はまた鈍りました。とたんに王が目を覚まし、「ああ、また長生王子が、わしを殺す夢を見た」。「気のせいですよ。ご心配いりません」。王は、また眠りにつきました。こんどこそは……と剣を抜くと、またも父王の言葉が重々しく響いてきます。王子は、ついに、すべてをあきらめました。すると目を覚ました王が、「また夢で王子が、わしを殺しに来た。しかし、こんどは、王子は剣を投げ捨ててしまった。これは、いったい、どうしたことだろう」……。

王子は、王の前に手をついて言いました。「じつは、わたくしが、その長生王子なのです。わたくしは、さきほどから三度も、あなたを殺そうとしました。しかし、そのつど、父がいまわの際《きわ》に言った言葉が思い出されたのです。それは、『恨みに恨みをもって報いれば、また新しい恨みを生む。そして、いつまでも消えることはない』という言葉です。その言葉が、わたくしの手を鈍らせました。どうか王よ、わたくしを殺してください。そうすれば、どうしても消えないわたくしの恨みも消えてしまうでしょう」。

じっと聞いていた王は、はじめて目が覚めた思いで、しみじみと言ったのでした。「そうだったのか……。ああ、わしが悪かった。あなたを殺しても、恨みは消えることはあるまい。わしは、あなたに衷心から謝《あやま》ります。そうすれば、すべては消えてしまいましょう。すべては、わしの心得違いでした。どうか許してください」と、王子に手をついて深く深くわびたのでした。

「王さま、どうぞ、お手をお上げください。わたくしは、もう何もかも忘れました」「ありがとう、こんなに心が、すがすがしくなったことはない」……。

二人は、しっかりと手を握り合いました。夜が白々と明け、森には新しい朝の光が射し込んできました。

王は、コーサラ国を長生王子に返し、「これから両国は兄弟のように仲よ

恨みを捨てるときに恨みは消える

くしましょう」といって、本国へ帰って行きました。コーサラ国の国民は、王子が生きておられたことを知って夢かと喜び、その新しい国王をいただいて、ふたたび幸福な生活にもどりました。長寿王の慈悲深い、平和に徹した心は、いつまでも長生王子の胸に、そしてコーサラ国民の心の中に生き続けたのでした。（野村耀昌《ようしょう》著「仏教の寓話――ある王さまの死」より要約）

世に多く出ている平和の書にくらべて、現実にはありえないおとぎ話のようではありますが、これが釈尊の平和観であると、わたしは信じます。「人命より主権を重んずるのは狭い考えだ」という思想、「多数を生かすために自分が犠牲になる」という精神、「恨みに恨みをもって報いれば、恨みは消えることはない」という真理――この三つは、現代にもそのまま生かさねばならぬ平和の教えなのです。

とくに、人間心理の奥底をえぐられた恨みについての教えは、どんなにくり返しくり返し説いても、説き足らぬほどたいせつなもの、とお考えになったのでしよう。

〝恨み〟についての教え

恨みについての教えは『法句経《ほつくぎよう》』にもあったと思いますが……。

そうです。釈尊は『法句経』の第五番で、次のようにお説きになっておられます。

「わたしは罵《ののし》られた。わたしは害された。わたしは敗れた。わたしは奪われた」という思いを懐く人には、恨みの静まることがない。

「わたしは罵られた。わたしは害された。わたしは敗れた。わたしは奪われた」という思いを懐かない人には、恨みが静まる。

およそ、この世においては、恨みは恨みによって静まることはない。恨みを捨ててこそ、恨みは静まる。これは不変の真理である。

これは、実に不変の真理です。醜いエゴイズム（利己主義）に満ちた今の世の中に、とりわけ国際関係においては報復感情と慳貪《けんどん》精神（欲深い心）が横行している現代に、こんな思想が通用するものかと考える人があるかもしれませんが、そうではないのです。一九五一年（昭和二十六年）サンフランシスコで開かれた対日平和会議の席上で、セイロン国の代表ジャヤワルデーナ氏は、この『法句経』の名句を引いて、「セイロン国は日本に対して賠償を求める意志はない」という演説をされました。満場万雷のような拍手が、しばし鳴りやまなかったといいます。

セイロンは仏教国です。国民の八〇㌫近くが、熱心な仏教徒です。しかし、一国の利害を背負って他の国々と折衝する外交ということになれば、個人と個人の付き合いのようにはいかないものです。威《おど》したり、騙《だま》したり、駆け引きをしたり、相手国の仲間をこっそり見方に引き入れたり、土壇場で味方を裏切ったり、まったくならずもの同然の浅ましさです。そういう外交の舞台の上に、仏陀《ぶつだ》の教えが一国の対外政策として堂々と述べられたことは、なんという感銘深いことでありましょう。そして、他の国々の代表も感動の拍手をもって、それを賛えたという事実に、わたしは「人類には、まだ救われる道が残っている」ということを、マザマザと感じ取らずにはいられないのです。

真理のためには一歩も退かず

ここで一言しておかなければならないのは、釈尊は非暴力に徹したかたではありましたが、真理については一歩も退《ひ》くことをなさらなかった——ということです。提婆達多に命をネラわれ、肉体を傷つけられても、それをジッとお忍びになりましたが、しかし、提婆達多が極端かつ非人間的な戒律を掲げたのに対しては、厳しくそれを拒否し、舎利弗《しゃりほつ》に命じて提婆達多のグループに「これに従うものは三宝に違《たが》う者である」とキッパリ宣告されたのです。

そのとき舎利弗がためらいを見せて、「世尊、わたくしは、かつて提婆達多をほめ賛えたことがあります。今になって、その非をそしるのは気がとがめるのですが……」と申し上げると、世尊は即座に、「ほめるべきことがあれば、ほめるのが真実です。非を責めねばならぬことがあれば、それを責めるのが真実です。誤ったものは正さなければなりません」と、ピシリとおっしゃったのです。

舎利弗は、その真理尊重の気迫に一も二もなく恐れ入って、ただちに提婆達多の衆中へ行き、お言いつけのとおりを告げました。提婆達多は、すぐさま逆手をとって、「釈尊は、ぜいたくな生活をしておられる」と世間に公表し、いよいよ反抗の旗幟《きし》（態度）を明らかにしたのでした。

釈尊は心の暖かい、思いやり深い、平和に徹したおかたではありましたが、このように、真理を曲げてまで身の安全を守るようなことは一切なさらなかったのです。しかも、このように非は非として厳しく戒めながらも、「提婆達多が善知識に因《よ》る」というお言葉に見られるように、人それ自体には少しも恨みを懐いてはおられなかったのです。そういう意味でも、釈尊こそ平和の大師表と仰ぐべきおかたである、とわたしは思うのです。

真理を守るためには退くな

その「真理を守るためには、身を挺《てい》して一歩も退《ひ》くな」という教えについては、どのように説かれているのでしょうか。

その代表的な経説は『涅槃経《ねはんぎょう》』の「金剛身品《ほん》第五」に見ることができます。それは次のような話です。

「昔、覚徳という名の比丘《びく》がありました。説法が巧みで、広く教えを説いていました。ところが、破戒の比丘たちが覚徳に恨みを懐き、刀杖《とうじょう》をもって、それを害そうとしました。それを聞いた有徳という名の国王は、法を守るために、その悪比丘たちと戦いを交え、覚徳比丘を難から救いました。王は全身に傷を受け、ついに落命しましたが、浄土に生まれ変わりました。もし正法が滅びようとするときは、まさに、このようにして法を護持しなければなりません」

その説法に対して、迦葉《かしょう》が「比丘が刀杖を持った信者に守られて歩くのは破戒にならないのでしょうか」とお尋ねしたところ、「破戒にはなりません。また、在俗の人たちが正法を守るために刀杖を携えても、戒に背くものではありません。ただし、刀杖は携えても相手の命を取ってはなりません」と、お答えになりました。

これは、現代のわれわれにとっても重大な教えですから、よくよく吟味しておかなければなりません。要約すれば「一般の人びとは、真理を守るためにのみ武器を取ってもいいが、しかし相手を殺してはいけない」というのです。釈尊は、けっして暴力を肯定しておられるのではなく、有徳王のように自分の身を犠牲にして正法を守ることを美徳としておられるのです。つまり、「抵抗はしていいが、殺生はしてはならない」という教えなのです。

この教えを、釈尊ご自身がそのまま具現された実例があります。釈迦族滅亡に際して起こったことです。コーサラ国王パセーナディ（波斯匿《はしのく》）は、釈尊の教えに帰依していたと同時に、たぐい希《まれ》な、その崇高なご人格に深く傾倒していましたので、自分の妃《きさき》は釈迦族から迎えたいと願い、カピラバストに使者を遣わしました。ところが、その使者の口上に「もしも妃が得られないようなら、力づくでも得てみせるぞ」という脅迫めいた言葉がありましたので、誇り高き釈迦族は大いに怒りました。しかし、強大なコーサラ国には、とうてい敵することはできませんので、一策を案じて、ある富豪が自分の家の下女に産ませた女性を選び、その富豪の嫡出子《ちゃくしゅつし》としてパセーナディ王のところへ嫁入りさせました。

王は喜んで、その女性を第一夫人とし、間もなく妃は懐妊して、王子が生まれました。王は掌中の玉と慈《いつく》しんで育て、王子ビドゥーダバが八歳になったとき、弓術を学ばせるためにカピラバストへ送りました。ところが、その留学中にたまたま王子が「下女の子の分際で……」というかげ口を耳にしたことから、自分の出生の秘密を知り、怒り心頭に発したのでした。

そしてお付きのバラモンに、「この恥辱は、きっと晴らしてやる。もし自分が王位に即《つ》いたら、お前は毎日『釈迦族に辱《はずかし》められたことを思い起こせ』と、わしに言い聞かせてくれ」と頼みました。やがて父王パセーナディが死に、王子ビドウーダバが王位に即くと、そのバラモンは毎日三度ずつ「釈迦族に辱められたことを思い出せ」と唱えて、王の復讐心《ふくしゅうしん》をかきたてました。（心に与えるくり返しの刺激がどんなに強大な力を持つかは、心理学でも実証されていることです。それと反対に、「心の清め」である毎日の礼拝・唱題・読経などのくり返しがどんな結果を生むかは、推量に難くないと思います）

このようにして、王の報復感情が最高に燃えたぎったとき、王は、いよいよ軍隊を率いてカピラバストへの進撃を開始しました。この知らせを聞かれた釈尊は、しばらく瞑想《めいそう》しておられましたが、やがて立ち上がられるとカピラバストへ通ずる街道の、一本の枯れた木の下におもむかれ、静かに坐《すわ》っておられました。

進軍してきた王は、そのお姿を見るや、「尊師よ、ほかに茂った木がたくさんございますのに、どうして枯れ木の下に坐っておいでですか」とお尋ねしました。すると釈尊は、「王よ、親族の陰は涼しいものだ。枯れ木とて同様であろう」と、お答えになりました。そのお言葉に含められた意味は、「枯れた木といえども、いつまでも茂った同類の中に留《とど》まりたいと願うように、わたしも釈迦族の一人として、同族が存続することを願うものである」という、人情の常をお説きになったわけです。それを聞いた王は、「そうだ……。世尊は釈迦族のご出身であらせられた。これはいけない。カピラバストを討つことはできない」と、全軍に命じて引き返させました。

しかし、ほどなく王はまた報復心にかられて、兵を出しました。すると釈尊はまた、枯れ木の下に坐っておられました。それを見た王は、また引き返しました。これをくり返すこと三度に及びましたが、しかし四度めには、もう釈尊のお姿は見えませんでした。釈尊は、「すべての事がらは、それまでになされてきた業（行為）の累積によるものである。このようにして、すべてのものは移り変わる。この真理を変えることはできない」とお考えになって、私情をなげうたれたのだ……と解釈されています。

「仏の顔も三度」の本来の意味

「仏の顔も三度」という言葉はここから出たものですが、いまは、ずいぶん違った意味に用いられています。ともあれ、無私の人・釈尊も、やはり血の通った人間であられました。それゆえ、自分の故郷の人びとが全滅されるのを三度まで阻止しようとされました。つまり、人情によって人情を動かされようとされたのです。しかし、三度まではそれが効を奏しても、四度めには、やはり厳然たる因果業報の真理のほうへ立ちもどられたのでした。

身近に学ぶべき菩薩

提婆達多《だいばだった》に対する、お釈迦さまのお気持ちは、まさに平和をめざすものの理想像として、手本とすべきところですが、わたしたちが身近に学ぶことができる菩薩もおられるでしょうか。

もちろんおられます。わたしが法華経に値遇《ちぐう》したとき、もう一つ特異な驚きを覚えたのは「常不軽菩薩品第二十《じょうふきょうぼさつぼん》」です。ご存知のかたが多いと思いますが、この品《ほん》（章）には、あらまし次のような物語が述べられています。

大昔、ある町へ見知らぬ青年僧がやってきて、人さえ見れば「わたしは、あなたを敬います。けっして軽んじたり、見下げたりしません。あなた方は、みんな菩薩の道を行じて、必ず仏になるかたであるからです」といって、両手を合わせて礼拝するのでした。拝まれた人の中には、腹を立てる人も、たくさんありました。そして、「このバカな比丘《びく》め、おまえは、どこからやってきたんだ。おれたちを軽んじないなどと……大きなお世話だ。おれたちが仏に成れるなんて、そんなでたらめなど聞きたくもないよ」と、口をきわめて罵《ののし》るのでした。

こうして長い年月の間、罵られどおしでしたが、その青年僧は、けっして怒りません。あいかわらず、人さえ見れば、「あなたは仏になるおかたです」と言って拝むのでした。その言葉の意味のわからない群衆は、すっかり腹を立てて、杖《つえ》や棒でたたいたり、石や瓦《かわら》を投げつけたりしました。すると、その青年僧は走って逃げ、遠くのほうから、なおも「わたしには、どうしてもあなた方を軽んずることができません。あなた方は、必ず仏になる人たちだからです」と、大声で唱えるのでした。経典も読まず、説教もせず、ただ、いつも変わらず「あなた方を軽んじません」と言って人を拝むだけの、この青年僧を、いつしか世間の人びとは〈常不軽〉というあだ名で呼ぶようになりました。

この常不軽は、一生の間、そうした人間礼拝の行ただ一つをなしつづけましたが、寿命が尽きてまさに死のうとするとき、天地と人生の真理をしっかりと悟り、そのため無限の生命を自覚することができました。そして、なんどもこの世に生まれ変わり、その真理の教えを説き続け、ついに仏の境地に達したのでした。

こういう物語をなさったお釈迦さまは、「じつは、その常不軽というのは、わたしの前世の身にほかならないのです」と、お明かしになります。つまりこの品も、ご自身の前世の身に事寄せて、大事な教えを説かれたものなのです。

仏性礼拝は平和の根本

その大事な教えとは何か。それは、人間すべてが平等に持っている仏性を悟り、その開発に努力することが自分自身を完成させる道であるのと同時に、世のすべての人を同じ道にいざない、この世に寂光土《じゃっこうど》（平和世界）を打ち立てる根本の要義である、ということです。

わたしが、この教えの真意を悟ったのはずっと後のことで、はじめて、この品を読んだとき感嘆したのは、常不軽菩薩のすばらしい生き方でした。

第一に、人間礼拝という、ただ一つのことを飽《あ》きもせず、根気よくなし続けた、そのねばり強さです。

第二に、罵られても罵り返さず、打たれても打ち返さず、逃げ回りながらも飽くまで信念を貫き通す勇気ある態度です。

対人的には柔軟、真理を守ることには頑強

一言にして言えば、「対人的には柔軟、真理を守ることにかけては頑強《がんきょう》」という生き方です。これこそが真の勇者であり、平和人間であり、しかも人生の達人であるということができましょう。

真理のための非暴力

こうした非暴力の思想は、「勧持品第十三」における菩薩たちの表白にも、よく示されています。それは、あらまし次のような誓いの言葉です。

「わたくしどもは、仏さまを心から敬っております。仏さまが、最高の教えであるとお説きになるこのお経を、仏さまと同じように敬います。それゆえに、このお経を守り、弘《ひろ》めるためには、もろもろの迫害や困難をも、すべてジッと忍びます。また、軽蔑《けいべつ》や嘲罵《ちょうば》をも、すべてこらえます。この教えを説き弘めるという一大事のために、あらゆる困難にも耐えましょう。わたくしどもは命など惜しいとは思いません。ただ、仏さまのお説きになった、この尊い無上の教えに触れない人が一人でもいることが、なにより惜しいのでございます。

法を求める者が一人でもあれば、小さな村であろうと、大きな都であろうと、どんな強敵が待ち構えていようとも、そこへ出かけていって、仏さまからお任せいただいたこの法を説きましょう。わたくしどもは、まさしく世尊のお使いでございます。それを思えば、どのような大衆の中に入っても、恐れはばかることはございません。わたくしどもは全力を尽くして、正しく法を説きましょう。仏さま、どうぞ、ご安心くださいませ」

我身命を愛せず 但無上道を惜む

法(真理)のためには、どんなことでも忍耐する。ただ忍耐するだけでなく、どんな所へでも行って積極的にそれを説く。――これが非暴力に徹する平和の使徒の真骨頂です。その精神は「我身命《しんみょう》を愛せず、但《ただ》無上道を惜《おし》む」という名句に圧縮されています。——この無上の教えに触れない人が一人でもいることが惜しい。それに比べたら命なんぞ少しも惜しくない——という、真理に生き、慈悲に死する者の烈々たる心境です。

ガンジー翁の聖なる最期

この精神は、脈々としてわれわれ東洋人の血に流れています。それを一身に体現したのが、マハトマ・ガンジー翁でありましょう。翁は熱狂的なヒンズー教徒によって暗殺されましたが、凶弾を受けて担架《たんか》で運ばれる途中、もう声が出ないので、手で施無畏《せむい》の印を結んで息を引き取られたということです。施無畏とは「真理に従って何ものをも畏《おそ》れることのない力を与える」ことをいい、『法華経』では「観世音菩薩普門品第二十五」に詳《くわ》しく説かれています。施無畏印は、右手を開き、掌《てのひら》を外へ向けて胸のあたりまで上げる印《いん》（誓願をこめた手や指の形）で、釈尊像に多く見受けられます。

おそらくガンジー翁は、凶弾をも恐れず、凶漢をも許すという気持ちを、その印相に現わされたのでしょう。まことに翁こそ、その一生を「我身命を愛せず、但無上道を惜む」の精神によって貫かれたかたであると言わなくてはなりません。

第四章　法華経の各品にみる平和の教え

法華経の世界観

このような経説や菩薩たちの行動の基盤となる法華経の世界観を、おうかがいしたいと思います。

『無量義経』でも、『妙法蓮華経』（法華経）でも、その冒頭には釈尊の説法を聞くために集まっている会衆《えしゅ》のことが述べられています。それを見ますと、もろもろの菩薩をはじめとして、出家修行者である比丘《びく》・比丘尼《びくに》、在家の信者である優婆塞《うばそく》・優婆夷《うばい》、それに、まだ信者ではない国王・王子・国臣といった上流の人びとも、国民・国士・国女（国の中堅男女）といった一般民衆も、同じ平面に、同じ資格で座っているのです。そればかりではありません。天上（霊界）に住むという神々から、空中を飛び歩く鬼神や、水の中にひそむ竜神や、その他の動物たちまで、つまり、宇宙全体のありとあらゆる生命体が、等しく説法の座に集まっているのです。

これは、法華経の世界観の象徴にほかなりません。法華経の世界観を一口に言えば、「この世に存在するすべてのものには、目に見えぬ、ただ一つの本体がある。それは宇宙の大生命である。この世の万物は、この宇宙の大生命がさまざまな形をとって現われているのであるから、もともとは一体であり、したがって現象への現われは千差万別であっても、本質的には平等な存在である」ということです。

この世界観を、理論的に説かれたのが「諸法実相」「十如是《じゅうにょぜ》」の法門です。すなわち、「方便品《ほうべんぽん》」に「唯《ただ》仏と仏と乃《いま》し能《よ》く諸法の実相を究尽《くじん》したまえり。所謂《いわゆる》諸法の如是相・如是性・如是体・如是力・如是作・如是因・如是縁・如是果・如是報・如是本末究竟等《ほんまつくきょうとう》なり」とあるのが、それです。

諸法の実相とは、どんなことをいうか――といいますと、これには二通りの意味があります。第一は、いま法華経の世界観のところで述べた「万物には、目に見えぬ、ただ一つの本体がある」ということであり、第二は、「万物は、そのありのままのあり方が真実の相である」ということです。言葉を替えていえば、諸法実相の教えは、第一に「現象の奥にある実相（本体）を知れ」ということを、第二に「現象の上の実相をも、よく見極めよ」ということを教えられたものです。

もう少し詳《くわ》しく説明しますと、右の十如是の如是相から如是報までには、第二の「現象の上の実相をも、よく見極めよ」ということを教えられているのです。すなわち、現代語に訳しますと、「すべての現象（諸法）には持ちまえの相（すがた形）があり、持ちまえの性（性質）があり、持ちまえの体（現象の上での本体）があり、持ちまえの力（潜在エネルギー）があり、その潜在エネルギーがはたらきだして、いろいろな作（作用）をするときは、その因（原因）・縁（条件）に従って、その原因・条件どおりの果（結果）・報（後に残す影響）を造り出すものである。これが現象の上の、この世の実相、すなわち、ありのままのすがたである」

ということです。

ところが、最後になって「本末究竟等なり」と仰せられています。これが、第一の「万物には、目に見えぬ、ただ一つの本体がある」ということを説かれたものなのです。わかりやすく説明しますと、「(『相』から『報』までの)、もろもろの現象や、その変化は、千差万別であるように見えるけれども、すべて、ただ一つの宇宙の真理にもとづくものであり、真の本体においては、初め(本)から終わり(末)まで、つまるところは等しい(究竟等)ところの〈空《くう》〉なのである」ということです。

原文には〈空〉という言葉はありませんけれども、「初めから終わりまで、真の本体においては、つねに等しいのだ」ということになれば、当然〈空〉のことにほかなりません。

〈空〉というのは、前(二八ページ)にも説明したとおり、「宇宙の万物万象を造っている、ただ一つの実在」であって、科学的に言えば、「すべての現象を造り現わす根源のエネルギー」であり、宗教的にいえば、「宇宙の万物を貫く大生命（久遠実成《くおんじつじょう》の本仏）」です。

ただこう言ったのでは、あまりにスケールが大き過ぎて、われわれの人生と、どう関連させて考えていいかわからないかもしれません。それを自分で、頭であれこれと考えていくことを、哲学的もしくは宗教的思索といって、人間がほんとうに進歩していくために、たいへん大事なことなのですが、まだ、そういうことに慣れない方々のために、そのヒントを差し上げることにしましょう。

まず、すべてのものの本体が一つである、ということになれば、見かけは別々な存在としか思えない地球上三十数億の人間が、その実相においては一体の存在だということが考えられませんか……。当然そういうことになるでしょう。

そして、そのことを心の底の底から悟ることができたら、「人間は、みんな兄弟姉妹なのだ」という友愛の感情がシミジミと湧《わ》いてきて、ともに手を握り合い、肩を組み合っていこう、という思いで、胸の中が、なんとも言えぬ暖かさと明るさに満ち満ちてくるのを覚えることでしょう。

そうした友愛の感情こそが、仏教でいう慈悲なのです。慈悲といえばなんとなく上の者が下の者を、強い者が弱い者をいたわる情け心のように考えられるかもしれませんが、けっして、そんな優越感に裏づけられた気持ちではなく、右のような大きい自他一体感にもとづく友情をこそ、慈悲というのです。〈慈〉というのは「マイトレーヤ」という梵語《ぼんご》の中国語訳ですが、そのマイトレーヤは「ミトラ」（友）という語から造られた抽象名詞で、「最高の友情」とでもいうべき意味だそうです。また、〈悲〉というのは梵語の「カルナー」の中国語訳で、カルナーの原意は「呻《うめ》き」ということだといいます。他人が苦しみや悩みに呻いているのを見て、自分も思わず呻きを発せざるをえない、その共感同苦の思いやりを〈悲〉というのです。慈も、悲も、他と自分との間の垣根《かきね》を取り払った一体の感情から、ひとりでに湧き上がってくる純粋な友情なのです。

こういう慈悲の心を、すべての人が持つようになれば、どうして人を憎んだり、悪意を持ったりすることができましょう。どうして人と激しく争ったり、戦ったりすることが起こりえましょう。まことに、慈悲の心こそは平和の原点であり、これを欠いた平和は、かりそめの平和、見せかけの平和であるといわなければなりません。

「法華経は平和の教えである」と、わたしが強調するのは、その哲学的根拠をなす諸法実相の教えが、その奥に、このように広大無辺な慈悲の精神を潜《ひそ》ませているからにほかならないのです。

さて、この「すべてのものは、その本体において同一である」ということから思いをめぐらしていけば、こういうことに考え及びはしませんか。すなわち「見かけの上では、いろいろな差別相を現わしているいっさいの人間も、本質的にはまったく平等な存在である」と。そう考えざるをえないでしょう。いや、まったく、そのとおりなのです。そして、それが法華経の人間平等観なのです。

法華経の人間平等観は、このように存在のギリギリの真理から出発したものであって、ただ倫理的に「人間は平等だと見なければならぬ」といった押し付けがましいものではありません。ですから、根が深く、確固としており、いかなる現象の変化にも動かされるものではありません。世界平和の大きな支柱である人間平等の精神は、まず、この法華経的な平等観に裏づけられたものでなければならぬと、わたしは信ずるのです。

人間開発の可能性

人間の「本質の平等」とともに、「人間開発の可能性」は、どのように考えたらいいのでしょうか。つまり、成仏に向けての可能性ですが……。

「諸法実相」「十如是」の法門は、たんに人間の「本質の平等」を教えているばかりでなく、「現象の上における人間のあり方も、心の持ちようによって、どのようにでも変化・流動させうる」ことを説いているのです。すなわち、「開発の可能性の平等」をも教えているわけです。

現象として現われているわれわれ人間には、それぞれの個性（性格・才能・体質など）というものがあります。すなわち、持ちまえの相・性・体・力・作を持っているのです。しかし、それとても、もともと宇宙の実体である〈空《くう》〉によってできているわけですから、けっして固定的なものではありません。ある原因（因）と条件（縁）を与えさえすれば、それにふさわしい結果（果）や影響（報）が現われてくるのです。

成仏は「人間のありのままの姿」の完成

したがって、人間の心の中には、地獄へ堕《お》ちる可能性もあれば、仏の境地へ上がれる可能性もちゃんと具《そな》わっているのです。このように、法華経でいう成仏とは、人格を完成して最高のめざめの境地に達するという意味で、けっして人間とかけ離れた神格を持つ仏となるということではありません。これは、たいへん重大なことであって、言葉を替えていうならば、成仏とは「人間としての、ほんとうのすがた、人間としての、ありのままのすがたを完成する」という意味です。

このありのままということを、われわれは深く考えなければなりません。われわれ人間は、もともとは宇宙の大生命と一体の、美しく、聖なる存在であるのに、無明《むみょう》に惑わされ、煩悩の垢《あか》をいっぱい身につけているために、ありのままのすがたからはるかに遠い、汚れた状態に陥っています。しかし、仏陀《ぶつだ》の教えられた真理を悟り、その真理のまにまに心と行為を正していけば、いつかは、そのありのままのすがたを自分の身に顕現《けんげん》することができるのです。それをこそ成仏というのであって、けっして、人間らしくない、神さまらしい存在になることではないのです。

それにしても、すべての人間にそのような可能性が与えられているとは、なんというすばらしいことでしょう。ともすれば「この自分は、どうにも変えようがない」と思い込んでいるわれわれが、「いや、そうではないのだ。努力しだいで自分をどうにでも変えることができるのだ。仏にさえなることができるのだ」とわかれば、なんともいえぬ明るい希望と勇気が全身にみなぎってくるのを覚えるではありませんか。

たんに自分に対して希望を持てるようになるばかりでなく、この諸法実相・十如是の理を悟れば、他人を見る目も違ってきます。何より大事なのは、表面に現われた個性の奥に、平等の仏性（仏となる可能性）を見るようになることです。

そして、今まで「どうにもならぬ奴だ」などと見下げていた人に対しても、「いや、あの人にも無限の可能性が潜んでいるのだ」という尊重の念が湧《わ》いてきます。人間尊重も、ここまでこなければホンモノではないのです。

さらに、中国の天台大師は、この十如是の法門で教えられた人間性の変化・流動の可能性を拡大解釈して、〈一念三千〉ということを説かれました。すなわち、人間の心の持ち方しだいで、三千の世界が変わるというわけです。もちろん三千というのは無数という意味ですから、心の持ち方によって人間をとりまく環境をどのようにでも変えることができるというのです。わたしが先に「心から展開される世界の平和」ということを力説しましたのは、こういう真理にもとづくものなのです。

各品に説かれた平和の思想

それでは次に、『法華経』の各品《ほん》に説かれた平和の思想を、おうかがいしたいと思いますが……。

人間だけでなく生物・無生物も成仏できる

法華経は、さらに大きな可能性について説いています。それは、たんに人間だけでなく、「あらゆる生物・無生物も成仏できる」ということです。その代表的な経説は、「薬草諭品第五」にある〝三草二木の譬《たとえ》〟でありましょう。あらまし次のように説かれています。

「迦葉《かしょう》よ。そなたの言うとおり、仏の功徳は無限です。如来は、真理を知り尽くし、それを自由自在に説くことによって、ありとあらゆる人びとを平等に生かし、最終的には完全円満な仏の智慧《ちえ》にまで導くのです。

たとえていえば、この地上には、いろいろさまざまな草木が生い茂っています。その草木は、大きさにも大・中・小があり、性質も、すがた形も、千差万別です。しかし、すべての草木に共通していることは、ひたすら雨の潤《うるお》いを欲し求めていることです。

そこへ、空いっぱいに大雲が拡がり、雨が降ってきました。雨は地上にくまなく降り注ぎます。あらゆる草木を、平等に、そして豊かに潤してくれます。小さい草も、中くらいの草も、大きい草も、小さい木も、大きい木も、みんなその潤いを受けて生気を取りもどし、いきいきと生長してゆきます。

こうして、同じ雨が一様に降り注ぐのですが、それでも、草や木は、その種類によって生長の度合いが違い、すがた形が違い、咲く花が違い、結ぶ実が違います。

迦葉よ。如来は、空全体を覆《おお》う大雲のようなものです。如来の説く教えは、地上にくまなく降り注ぐ雨のようなものです。一切衆生は、大・中・小さまざまの草木のようなものです。

如来の説く教えは、宇宙の真理です。真理というものは、その根本においては、ただ一つ〈空《くう》〉ということしかありません。したがって如来の説く教えも、降り注ぐ雨と同じく、ただ一相一味なのです。ところが、人びとの天分や性質は、ひとりびとり違います。生い立ちも、健康も、環境も、職業も、それぞれ違います。そういう、さまざまな条件の違いがあるために、みんなが奥の奥に持っている仏性（仏になる可能性）は、まったく平等であるにもかかわらず、真理の雨の受け方に、さまざまな違いが生じてくるのです。

しかし、いくら受け方が違っても、それぞれの人が、真理の雨を享《う》けて、天分の性質のままに成長し、それぞれの花を咲かせ、それぞれの実を結ぶという点においては、まったく平等なのです」

この文末にある傍点のついたところを、よくよく味わっていただきたいものです。それは、つまり「それぞれの天分を、ありのままに、完全に顕現することが成仏ということである」という思想なのです。表面は「人間の成仏」の可能性の平等について説かれているように見えますが、その奥には「天地万物の成仏」という広大無辺の教えが秘められているのです。

万物といえば、鳥・獣・虫・魚という動物から、草や木などの植物も、そして土や石や水や空気という無生物まで、ありとあらゆる存在が含まれます。こういった人間以外の存在が成仏するといえば、なんだか不思議な気がするかもしれませんが、諸法実相の真理を思い出してみれば、不思議でもなんでもないことがわかりましょう。

天地の万物は究竟等《くきょうとう》である。すなわち、すべてが、ただひといろの〈空《くう》〉によって造り出されたものである——というのですから、もともとは一体であるのに、人間だけが成仏できて、他の生物・無生物が成仏できない、ということはありえないではありませんか。まして、先にも述べたように、成仏というのは「それぞれの天分を、ありのままに、完全に顕現すること」だ、ということを知れば、天地万物の成仏ということも、けっして不思議ではないのです。

草木国土悉皆成仏

この思想を「草木国土悉皆成仏《しっかいじょうぶつ》」といって、ほかの、どの宗教にも見られない、徹底した平等観にもとづく、徹底した慈悲の思想なのです。人間は、みずから成仏することを願うばかりでなく、天地の万物が成仏するように願い、万物に対して、そのような態度で当たらなければならない——という教えなのです。

日本人は、美しい自然に恵まれていることもあって、このような思想を素直に受け取り、そして豊かに発展させてきました。その点において世界でも第一の民族であると、わたしは思います。

すべてのものは、すべて宇宙の大生命（久遠実成の本仏）の形態化ですから、峰の嵐《あらし》も、谷の水音も、心を澄ませて聞けば、それもやはり宇宙の大生命のなす業《わざ》であることが感じ取れるはずです。

そして、心ある物も、心のない物も、すべては、そのありのままのすがたの中に、実相を保持しているのですから、そのありのままのすがたを完全に顕現することができれば、それが成仏にほかならないのです。「されば、柳は緑、花は紅《くれない》と知ることも、ただ、そのままの色香の草木も成仏の国土ぞ、成仏の国土なるべし」と、謡曲（「芭蕉《ばしょう》」）にうたわれているとおりです。

現在のわれわれは、この真理を忘れ去っているのです。人間は、草木国土より上位の存在であるというおごり高ぶった気持ちから、わがままかってに自然を破壊し、汚染し、ありのままのすがたを傷つけています。それは、自然のいのちを殺生することであり、草木国土の成仏を妨げる悪業です。

そういった殺生が、どんな結果を生むか。――他の成仏を妨げれば、すなわち他のいのちの完全な顕現を押し止めれば、その報いは回り回って自分の身へも返ってくるのです。諸法無我の原理によって、必ずそうなるのです。今、文明国と称する国々が公害に悩んでいるのは、この原理のまぎれもない実証です。

人間も自然の一部です。自然の一分子です。したがって自然を殺せば、自分も死ななければなりません。

今こそ、われわれは「人間だけが幸福になればいい……」という視野の狭い、目先だけの、自分かってな考え方をやめて、「大自然とともに生きる」「すべてを生かして自分も生きる」という法華経の精神に立ち返らなければなりません。まことに急を要する一大事なのです。

〝長者窮子〟は開発の教え

「開発」について説かれている経説は、『法華経』の何番でしょうか。

現代日本が生んだ最も行動的なキリスト者賀川豊彦《とよひこ》師は、その著『生活としての宗教』の中で、法華経を心からほめたたえておられますが、その中に「最微者（最も小さい弱い存在）を愛する心持ち」という言葉があります。それは「信解《しんげ》品《ほん》第四」にある〝長者窮子《ぐうじ》の譬《たとえ》〟に感動しての言であったようです。最微者を愛し、最微者に開発の手を差し伸べるのが、法華経の説く菩薩の精神にほかならないからです。その譬というのは、あらまし次のような説法です。

「幼いときに父の家からさまよい出て、放浪の身となった男の子がありました。五十歳にもなるまで他国をさすらい、貧乏な日雇《ひやと》い暮らしを続けていましたが、ある町の豪勢な邸宅の前にさしかかると、奥の方に、国王かとも見える貴げな人が、大勢の召使たちにかしずかれておられる姿が見えました。その男は、なんとなく空恐ろしくなって、そそくさと門前から立ち去りました。

その長者は、じつは、その窮子の実の親だったのです。かたときも忘れたことのないわが子の面影を、門前にたたずむ、みすぼらしい男に認めた長者は、さっそく召使に命じて連れてこさせようとしました。窮子は、長い放浪の生活で、心が卑屈になりきっていましたので、殺されるのではないかという恐怖感から、その場に気絶してしまいました。そのありさまを見ていた父の長者は、しばらく日が経ってから、貧しい町にいる窮子のところへ、みすぼらしい姿をした召使をやり、『汚いものを掃除する仕事だが、賃金は倍もらえるぞ……』と誘わせ、邸《やしき》の中へ引き入れることに成功しました。

長者は、自分も汚い姿となって、子の警戒心を解きながら側《そば》に近づき、やさしい言葉や励ましの言葉をかけてやり、ついに仮の子ということにしてしまいました。窮子のほうは、その待遇をうれしくは思うのですが、自分は貧しい身の上だという気持ちは、なかなか抜けません。それでも、与えられた仕事は黙々と忠実に果たしました。父は、だんだん高級な仕事をさせるようにし、ついには全財産を管理する支配人に取り立てました。

そうしているうちに、窮子の卑屈な心もしだいに薄れ、実力もしっかり身についてきましたので、父の長者は、国王をはじめ、町の主《おも》だった人を集め、『この男こそ、わたしの実子です。わたしの全財産は、この子のものです』と発表しました。窮子は、そのとき初めて、この大長者がほんとうの父であったことを知り、父の無限の財産が、そのまま自分のものであることがわかって、限りない喜びにひたるのでした」

このたとえにこめられた宗教的な意味は、宇宙の大生命たる仏（久遠実成の本仏）と、われわれ人間との関係は、ふつう「仏と衆生」と別々に考えられているようなものではなく、じつは一体の存在なのだ、ということです。窮子（衆生）は父（仏）の家からさまよい出たり、再び父の家にもどっても、父の長者を他人だとばかり思い込んでいたわけです。それが、実の親子だとわかったのですから、大歓喜したのもムリはありません。

『無量義経』から『法華経』の「方便品」に至るまでの説法においては、万物万象を造り上げているのは〈空《くう》〉であるという、どちらかといえば哲学的な、もしくは科学的な説き方だったのですが、「譬諭品《ひゆほん》第三」の〝三車火宅の譬《たとえ》〟や「信解品第四」の〝長者窮子の譬〟になりますと、われわれを生かしているその根源の存在を、父という血の通った肉身の慈悲にたとえて説かれます。そして、「如来寿量品第十六」に至って、いよいよそれを、宇宙の大生命たる久遠実成の本仏としてとらえ、宗教的な世界観として完成されるわけです。

〈空〉といえば、いかにも冷たく、つかみどころのない感じですが、すべてのいのちあるものの父とか、宇宙を貫く永遠の生命とかいえば、とたんに、われわれ人間との間に暖かい血のつながりを覚えます。いきいきと躍動する天地の脈拍《みゃくはく》を感じます。人間は、その永遠のいのちの分身なのだ、血のつながった子なのだ――とわかれば、これほどの大歓喜はほかにありますまい。これほどの大安心はありますまい。これほどの大自信はありますまい。

長者の愛情と開発の過程がまた尊い

こういうことを、この譬は教えているのですが、たんに、このような教えの神髄だけが尊いのではなく、長者が、どうかして窮子を自らの尊厳さにめざめさせ、その能力を開発してやろうと心を砕く、その愛情、その深い知恵が、なんともいえずありがたいのです。この愛情と知恵とを、われわれはしみじみと胸に学びとらねばならないのです。

仏法はそのまま世法

「世法は、ついに仏法と相対《そうたい》（対立）せず」（『涅槃経《ねはんぎょう》』）といわれているように、仏法は、そのまま世法なのです。不幸にも、地球上には、まだ窮子のような国々が、たくさんあります。愛情と知恵とをもって、その国々を自らの尊厳さにめざめさせ、その能力を完全に開発しえたときにこそ、世界に平和が訪れるのです。

先進国もまだ窮子

そういう責務を持つ先進諸国も、実は、まだ窮子なのです。ようやく支配人になったぐらいの段階です。ほんとうに自分の国のありのままの本質にめざめ、その本質に即した能力を開発するのは、これからの課題だと思うのです。

〝平等〟を教える薬草諭品

「開発」と「人権」の問題につながることですが、平等と差別の問題はいかがでしょうか。

前に、いろいろと説明しましたように、法華経は根源的な平等の思想に満ち満ちています。先の「竜女《りゅうにょ》の成仏」もそうですし、すぐこのまえに説いた「草木国土悉皆成仏《しっかいじょうぶつ》」もそうです。

これを現実の人類社会に当てはめて言えば、「どのような民族でも、その本質においては平等な仏性を持っているのだ」ということになります。どんなに文化が後れていても、形の上では、どんなに野蛮であっても、人間であることに変わりはありません。みんな成仏の可能性を持っているのです。それゆえに、素直な心で真理に随順しさえすれば、必ず持ちまえの生命力をいきいきと発揮することができ、自らの能力を完全に開発することができるのです。

本質の平等こそが大事

ここで、よくよく心しなければならないのは、「本質において平等であるから形の上でも平等にならなければならない」という誤った考えを起こさないことです。そのような考えを悪平等の思想といって、これが、どれぐらい世の平和を乱しているかわかりません。いわゆる進歩的とか、革新勢力とかいわれる人たちに、こうした悪平等の思想を持っている人が多いようです。

この現象界の成り立ちをながめてみれば、それが間違いであることは、だれにも、すぐわかることではありませんか。

あらゆる異なった存在がかもし出す大調和こそ涅槃である

この世の万物は、もともとは、ただひといろの〈空《くう》〉（科学的にエネルギーといってもいい）であるのに、その現われは実にさまざまです。無生物あり、生物あり、生物の中にも単細胞のアミーバ（池や沼にいる極微な原生動物）から、植物・動物、そして人間に至るまで、無数の形態として現われているのです。これらの無数の生物・無生物が、それぞれ自分の持ちまえの存在価値をフルに発揮し、持ちまえの役割を完全に果たすところに、えもいわれぬ大調和のすがたが現出するのです。その大調和のすがたを涅槃《ねはん》（絶対平和）というのです。

悪平等は自然の摂理に反する

本質が平等であるから形の上でも平等でなければならぬ、という思想は、この自然の摂理に背くものです。なぜならば、もし仮に、その思想のとおりに世の中を変えることができたとしたら、右を見ても左を見ても、一つの型から打ち出したような同じ顔の、同じ体格の、同じ性質の、同じ才能の人間ばかりが充満し、面白くもなんともない世の中になってしまうでしょう。そうではなく、本質の人権の平等はどこまでも尊重し合いつつ、しかも現象の上での違いは違いのままに、それぞれの持ちまえを完全に生かし合っていくのが、ほんとうの平等というものです。

この真理をズバリと教えてあるのが「薬草諭品第五」です。あの中に「こうして、同じ雨が一様に降り注ぐのですが、それでも草や木は、その種類によって生長の度合いが違い、すがた形が違い、咲く花が違い、結ぶ実が違います」とありました。ここのところを、よくよく味読しなければなりません。

社会のしくみについても、世界各国のあり方についても、そのような考え違いがあるのではないでしょうか。開発ということについても、開発途上の国々を工

開発途上国に先進諸国のミニチュアをつくってはならぬ

業化することのみが〝開発〟であるという浅い考えから、先進諸国のミニチュア（模型）をあちこちに造ろうとする傾きがあるようですが、これは、よほど慎重に考える必要があると思います。

そうした開発途上国の苦しみを救う、とりあえずの手段はもちろん必要です。戦争している国には、まず戦争をやめさせる。戦場になっている国からは、当事国が撤兵する。食糧や医薬品の不足に苦しんでいる国には、先進諸国が援助してあげる。こうして、暫定（一時）的な平和を回復することは、ぜひ必要です。

暫定的平和と恒久的平和

しかし、ほんとうの問題は、それから先にあるのです。それぞれの国が、それぞれの持ちまえに応じて成長を遂げなければなりません。そして、十分に発揮されたそれぞれの持ちまえが、侵し合うことなく共存し、滞《とどこお》ることなく交流し、そして常に大きな調和を保つような状態になったときに、初めて恒久的な平和が現出するのです。

平和への道程示す化城諭品

つまり、暫定的平和は消極的な平和であり、恒久的な平和は積極的な創造と調和の平和である、ということでしょうか。

そうです。そのことを、『法華経』の「化城諭品第七」にある〝化城宝処《けじょうほうしょ》の譬《たとえ》〟がズバリと教えているのです。そのたとえは、次のようなものです。

「ある国に、非常に長い、険しい、困難な道があって、猛獣などが出没する恐ろしい場所の連続でした。ところが、この道の果てにあるという最高の宝物を求めて、旅を続ける大勢の人がいました。一行の中に、ひとりのリーダーがいて、その人は知恵も優れ、この道がどうなっているかを、よく知った人でした。

一行の中には、足弱な人も、根気のない人もいて、途中ですっかりへバってしまい、リーダーに向かって『わたくしたちは、くたびれきってしまいました。それに、この道はなんだか恐ろしくて、これ以上、行く気になれません。ここから引き返したいのです』と言い出しました。

リーダーは、時と場合によって適切に人びとを導く方法（方便）を、よく知っていましたので、心の中で……ああ、可哀想な人たちだ。どうして、もう一息の所にある大きな宝をあきらめて、引き返そうとするのだろう。もう少しの辛抱なのに……と思い、方便の力をもって、その険しい道の半ばよりちょっと向こうに、一つの大きな城を幻《まぼろし》として現わして見せたのです。そして一同に向かって、『みなさん、もう恐れることはありません。また、引き返すこともありませんよ。あの城の中に入って、ゆっくりしなさい。あの中へ入りさえれば、すっかり安穏《あんのん》になりますよ』と言いました。

みんなは大喜びで、その中に入って休息しました。しばらくして、疲れがすっかり治ったのを見澄ましたリーダーは、その幻の城を消してしまい、

『さあ、行きましょう。宝のある場所は、もう、すぐそこです。今までここにあった城は、じつは、わたしが仮に造ったものです。ここで、ひと休みして、心の安らかさを取りもどさせるための方便だったのです』と一同を励まし、ついに宝のある場所まで導いてあげ、首尾よく、それを手に入れさせたのでした」

暫定的平和もぜひ必要

このたとえも、直接的には仏道の修行について教えてあるのですが、それはそのまま人生の旅路についての教えであり、世界平和の道程を示すものでもあります。長い、険しい道というのは、戦争・飢餓・貧困・人権侵害などに苦しめられる人類の永い歴史です。そうした苦しみからのがれるためには、まず、とりあえずの手段として、安穏な城の中へ入ることが必要なのです。そこで疲れを休め、気を取り直さなければ、人類は狂気に陥ってしまうからです。その安穏な城というのが、戦争のない、生活もいちおう楽になった状態、すなわち暫定的平和です。

しかし、戦争がないという状態だけが、真の平和ではありません。そのような暫定的平和の中に、いつまでも安住していたいと思っても、そうはゆきません。なぜならば、それは仮の安らぎであって、根底のある平和ではないからです。いわば幻の城ですから、いつかは消え去ってしまう運命にあります。

恒久平和とは創造と調和の世界

真の恒久平和は、もっと向こうにあるのです。すなわち、すべての人間および人間の造る諸団体が、わがままな貪欲《とんよく》を捨て、宇宙意志のままに、自分にふさわしい創造のはたらきに邁進《まいしん》することです。それぞれの個性に応じたはたらきによって、自分をも、他人をも、世の中全体をも幸せにするものごとを絶えず創造していくのです。

そうした創造のはたらきは、必ず大きなところで一種の調和を造り出すものであって、その絶えざる創造が、あたかもオーケストラのように常におのずから大きな調和をかもし出している状態……それこそが恒久平和、すなわち人類最高の宝なのです。

暫定的平和も、ぜひ必要ですが、それは一つの道程に過ぎません。そこをいちおうの休息場所として、いよいよ恒久平和への道を踏み出していかなければならないのです。そのためには、どうしても宗教による心の改造が必要であることは先に述べたとおりです。

真の平和境の建設

仏教で寂光土あるいは仏国土と表現されている、真の平和境建設については、どんな心がけが一番大切でしょうか。

法華経の精神は、個人の救済や個人の真理へのめざめ（悟り）だけをめざすものではなく、社会の正法化《しょうぼうか》を究極の目的としているのです。それは、法華経のあちこちに見られる「仏国土を浄《きよ》む」という言葉によく象徴されています。中でも、それが最も力強く説かれているのは、「見宝塔品《けんほうとうほん》第十一」です。

この品（章）において、諸仏は三度までも、この娑婆《しゃば》世界の汚れを払い、一瞬にして清浄の土に変えられています。まず、十方の諸仏が娑婆世界に行って、釈迦牟尼仏《むにぶつ》と多宝如来を供養しようとなさったとき、それが起こります。すなわち、「時に娑婆世界即ち変じて清浄なり」とあります。

第二に、釈迦牟尼仏が宇宙いっぱいに散らばっている、ご自分の分身を呼び集められようとなさったとき、それが起こります。すなわち、「時に釈迦牟尼仏は分身したもう所の諸仏を容受せんと欲したもうが故に、八方に各更《おのおの》に二百万億那《な》由他《ゆた》の国を変じて、皆清浄ならしめたもう」とあります。

第三番目に、いよいよ十方の諸仏が参集されようとしたとき、また、それが起こります。すなわち、「釈迦牟尼仏、諸仏の当《まさ》に来《きた》り坐《ざ》したもうべきが為の故に、復《また》八方に於《おい》て、各二百万億那由他の国を変じて、皆清浄ならしめたもう」とあります。

このように、くり返しくり返し国土を浄められるということは、この世以外に仏さまの住まわれる世界というものがあるはずがなく、かといって、現実の汚れた姿のままでは真理は行なわれない。だから、真理を迎え入れ、真理を世に充満させるためには、どうしてもまず国土を清浄なものにしなければならないからです。

法華経は個人の悟りだけでなく国土の清浄化を説く

「この世は、もともと仏国土であるから、(自分が)心の悟りを開きさえすれば、そのまま寂光土《じゃっこうど》となるのだ」という主観主義が、信仰の世界にはよくあります。それは、極言すれば「自分さえ悟れば、自分さえ心の幸せを得れば……」という利己的な信仰につながるということができましょう。

法華経は、人間が幸せになるためには、個人の心の悟り、家庭の幸せのみでなく、さらに一歩進めて、国土(社会)を浄めなければならないとするのです。社会を正法化しなければならないのです。現実から逃避するのでなく、あくまでも現実に体当たりして、これを清浄なものに変えていこう——と努力するのが、法華経の精神なのです。

その努力を、われわれ一般の人間に求めているのが、「従地涌出品第十五《じゅうじゆじゅっぽん》」です。

他の世界からきていた無数の菩薩《ぼさつ》たちが、世尊に、「わたくしどもも、この娑婆世界にとどまり、この教えを説き弘《ひろ》めたいと存じますが……」と申し上げますと、世尊は、「お志はありがたいが、この国土は、この国土の菩薩たちに任せます」と仰せられます。するとその瞬間、大地をメリメリと引き裂いて、そこから数え切れないほどの菩薩が現われてきました。

この菩薩たちを、別世界からきた救い主か何かのように考えたら、たいへんな思い違いです。これは、われわれ地球上の人間を指しておられるのです。しかし、ただ無条件に人間を指しておられるのではなく、「真理にめざめた人間」であり、しかも「真理を行ずる人間」でなくてはなりません。ここが、この品の要点です。

さて、世尊が他の世界からきている菩薩たちの申し出を断わられ、地涌《じゆ》の菩薩に娑婆世界の教化を任せられたことは、われわれに何を教えてくださっているのかといえば、ほかでもありません。

「この地球上は、そこに住んでいる人間自身の努力によって平和にし、自身の手で幸福な生活を築き上げていかねばならない」ということを教えられているのです。

次に、菩薩たちが大地をくぐり抜けて出現したということにも、重大な教えがこめられています。それは、この世を平和にしようとする人間は、心の中にどんなに高い悟りを開いていようとも、必ず一般大衆のところまで下りていって、現実社会の苦しみにジカに触れなければならない。観念論だけではダメであって、現実に即さなければ人間は救えない、ということです。

もう一つ、たいせつなことがあります。この地涌の菩薩の四人の指導者たちには、上行《じょうぎょう》・無辺行《むへんぎょう》・浄行《じょうぎょう》・安立行《あんりゅうぎょう》というように、すべて〈行《ぎょう》〉という名がつけられていることです。それはつまり、仏法の真理を慈悲の行として実践する行動者こそほんとうの菩薩であり、そのような行動なくしては、この世に平和は実現しないのだ——ということを教えられているのです。それが上首の四大菩薩に限ったことでないことは、もちろんです。「地皆震裂して、その中より無量千万億の菩薩摩訶薩《まかさつ》あって同時に涌出《ゆじゅつ》せり」とある、その無数の菩薩が、すべて〈行〉の菩薩なのです。そして、その無数の菩薩が、われわれ法華経の行者にほかならないのです。
このような経典の文証《もんしょう》（経典のあかし）は、われわれの絶大な勇気を呼び起こさずにはおきません。われわれは、仏国土を浄める地涌の菩薩として、世界の恒久平和のために、力にあふれた、そして忍耐強い行動を続けていこうではありませんか。

法華経全体が平和の思想

平和の思想を説いた法華経の教えは、このほかにも、まだたくさんあるのでしょうか。

法華経における平和の教えを探り出していけば、限りはありません。法華経全体が平和の思想なのですから……。そこで、法華経思想の象徴的総まとめである「如来神力品第二十一《にょらいじんりきほん》」の、そのまた結論ともいうべきものを抜き出して、しめくくりとしたいと思います。

「如来神力品」には、仏が神通力を出されて、いろいろ不思議な現象を現わしてお見せになることが述べられています。それらは、みな「すべては一つ」という真理を象徴しているのですが、ここではいちいち説明いたしません（詳《くわ》しく知りたい方は、拙著『新釈法華三部経』第八巻をお読み下さい）。

さて、いろいろな不思議な現象を現わされた終わりに近く、十方世界から、さまざまな貴い宝物が降ってきて、それが地上に達するやいなや、一面の美しい帳《とばり》となって、諸仏の上をひといろに蔽《おお》った——とあります。これは、宇宙のあらゆる生命体が釈迦牟尼仏《むにぶつ》をはじめとする諸仏を供養申し上げた、ということです。

供養には、仏前に花や香や供物などを供えたり、礼拝・読経をしたり、いろいろな方法がありますけれども、最高の供養は、すべての行為を仏のみ心にかなうようにすることです。これほど仏に感謝し、仏に喜んでいただける供養はありません。すべての宝物が、ただひといろの美しい帳に変じたというのは、十方世界のあらゆる生命体が一様に、この最高の供養を申し上げたことを象徴しているのです。

世界の人の行ないが一つになる

そして、このことは、現在は人びとの行ないが善悪さまざまであるけれども、未来においては、すべての行ないが仏のみ心にかなうという点において一致するようになることを、予言していらっしゃるわけなのです。これを、〈未来行一《みらいぎょういつ》〉といいます。

こうして、地上が一面の美しい帳に蔽《おお》われますと、いよいよ最後の不思議な現象が起こります。すなわち、十方世界にまったく区別がなくなって、どこへでも自由自在に行けるようになり、宇宙全体がひとつづきの仏土になってしまうのです。

この現象を〈通一仏土《つういちぶつど》〉というのですが、それは次のようなことを象徴しています。

すなわち、現在においては、娑婆《しゃば》世界は迷いに満ちた世界であり、極楽浄土はなんの苦しみもない平和な世界であり、地獄は大苦悩の世界である――というふうに、画然たる区別がありますけれども、あらゆる人間が仏の教えによって完全に真理に合った生き方をするような時代がくれば、天上界とか、娑婆世界とか、地獄世界とかの区別がなくなって、この世は、このまま普《あまね》くひとつづきの仏の世界になるというのです。

世界が一つの仏土となる

これは、精神生活の上の通一仏土ですが、精神生活がそうなれば、現実の世界も、それに従って変わってこざるをえません。すなわち、世界中のあらゆる国・あらゆる民族・あらゆる階層が、一つの正しい真理に随順して生きるようになり、したがって、お互いの間に差別感がなくなり、不和や闘争などの不幸な出来事が起こらず、みんな和気あいあいとして働き、生活を楽しみ、文化を推し進めるという、大調和の世界が現出するというのです。つまり、世界中が一つの仏土となるわけです。

体制のうえからいえば、世界連邦の成立を意味しているということができましょう。ですから、これはきわめて現実的な理念であり、われわれを勇気百倍させる予言であるといわなければなりません。

第五章　宗教協力で平和を

宗教の本義は一つ

会長先生が提唱されている平和活動は、宗教協力を基盤にされていますが、その宗教協力は、「宗教の本義は、本来一つである」という理念に立っておられますね。

そのとおりです。その理念も、『法華経』のなかに確たる文証があるのです。すなわち、「如来神力品《にょらいじんりきほん》第二十一」の中に、次のような一節があります。

「即時に諸天（天界のもろもろの善神たち）、虚空《こくう》の中に於《お》て高声に唱えて言わく、此《こ》の無量無辺百千万億阿僧祇《あそうぎ》の世界を過ぎて（このひろびろとした宇宙の中に）、国あり娑婆《しゃば》と名《なづ》く、是《こ》の中に仏います、釈迦牟尼《むに》と名《なづ》けたてまつる。今諸《もろもろ》の菩《ぼ》薩《さつ》摩《ま》訶《か》薩《さつ》の為に、大乗経の妙法蓮華《みょうほうれんげ》・教菩薩法・仏所護念と名くるを説きたもう。汝等《なんだち》当《まさ》に深心《じんしん》に随喜すべし。亦《また》当に釈迦牟尼仏を礼拝し供養すべし」

妙法蓮華というのは、「あたかも泥《どろ》の中に咲く蓮《はす》の花のように、俗世の中に生活しながら、その汚濁に染まることなく、清らかで自由自在な人生を送ることができるように世の人びとを導く、この上もないすばらしい教え」という意味です。

教菩薩法というのは、「菩薩を教化するために説かれた教え」という意味ですが、内容的にいえば、「みずからを高める修行とともに、多くの人びとのために慈悲の行を実践してこそ、最高のめざめの境地に達することができるのだ」ということを教えられたものであると解していいでしょう。

仏所護念というのは、仏（真理にめざめた人）が、真理の秘要（奥深い要点）中の秘要として大切にされ、正しく広まるよう護り念じてこられた教え――ということです。

この三つの言葉は、法華経の内容と目的と価値を端的に表現されたものですが、右の解説を心読していただけばわかるように、法華経というのは、そのギリの意味においては固有名詞ではなく、「ありとあらゆる人間に、宇宙の真理を教え、ほんとうの生き方へ導く、真実・最高の教え」という普通名詞なのです。

ところが、真実・最高の教えというものに二つあるはずはありません。形の上では、いろいろな表現がとられていても、その根本義においては必ず一つであるはずです。

ですから、右の「神力品」の一節にしても、〈妙法蓮華・教菩薩法・仏所護念と名くる大乗経〉というのは、必ずしも固有名詞である法華経を指しているのではなく、礼拝し、供養する対象も、必ずしも固有名詞としての釈迦牟尼如来を指しているとは限らないのです。

したがって、この宇宙間の、ありとあらゆる神々が、いっせいに「この教えに帰依し、釈迦牟尼仏を礼拝せよ」と唱えたのは、右の一節を推し広めて解釈しま

すと、

「現在においては、この娑婆世界には種々雑多な教えが存在しており、そのことが人類共通の幸福への道を阻《はば》んでいる。けれども、未来においては必ず、すべての教えや学問が一つの真理の教えに帰一する。そうなったとき、この娑婆は宇宙間で最も尊い国になる」

という予言にほかならないのです。

現在においては、人間を向上させるはずの教えが、それぞれ、かってな方向を向いており、しかも、それぞれの宗教や宗派が、あるいは利己的な、あるいは排他独善的な思想や感情を持っていますので、どうしても対立的なすがたをとらざるをえなくなっています。

また、民衆の生活に安楽をもたらすはずの政治についても、さまざまな理念が対立し、かんじんの民衆を忘れて闘争し、生活の安楽どころか、かえって苦しみを増大させ、破滅の危険をすら内蔵しているのです。

学問にしてもそうであって、もともと人間生活の福利を増進させるはずの学問というものが、あまりにも分化し過ぎて、その根本精神を忘れ、いっこうに人間に幸せをもたらさない学問のための学問、人間不在の学問、名誉のための学問、利欲のための学問に陥ってしまっています。最も酷《ひど》いのは、原子物理学の最大の産物が人類みなごろしの原水爆であったように、学問が悪魔に協力してしまっている例さえあるのです。

すべての教えが真理尊重・人間尊重・調和尊重へ帰一

こういう、いろいろな宗教や、思想や、学問が、釈迦牟尼仏が説かれた真理尊重・人間尊重・調和尊重の精神に帰一するようになれば、そのときこそ、地上に理想の浄土が実現し、進んだ物質文明とともに、高度な精神文明がそこに開花し、娑婆世界が、ほんとうの意味で宇宙の中心となることができましょう。

ここに説かれているのは、そういう思想であって、未来においては、すべての教えがただ一つの根本義に帰一するようになるという意味で、昔から〈未来教《みらいきょう》一《いっ》〉を示しているといわれているわけです。

この「神力品」を知ってから、「教えは一つ」ということが、深く、わたしの心に焼き付き、それを宗教活動の信条とするようになりました。

宗教協力の意義

そうした宗教協力の意義と、これまでの宗教協力活動を、もう少し詳《くわ》しくおうかがいしたいと思いますが……。

終戦後、いわゆる新宗教は、それぞれにたいへんな勢いで興隆し、発展しました。興隆・発展するには、それなりの当然な理由があったのですけれども、出るクギは打たれるのたとえにもれず、小さなアラなどを捜しては攻撃・圧迫を加えてくる外部勢力があり、弱小な教団は独力で自らを守ることもできず、何かと不利な立場にありました。

立正佼成会も、いろいろな中傷・迫害を受けました。

そうしたおり、新宗教も連合体を造ったほうがよいのではないか、という意見が出、結成の動きが始まりました。わたしも賛成し、最初からその運動に加わりました。そして、昭和二十六年十月に新日本宗教団体連合会（新宗連）が設立されました。

当時の加盟教団数は二十四でしたが、世間の人びとは、「教祖たちの集まりが、うまくいくはずはない。みんな、自分こそ偉いと信じている〝神々〟だから、すぐケンカになるだろう」と、冷やかし半分に見ていました。しかし、発足当初から、まことに和気あいあいたるもので、世間の〝期待〟を裏切ったのでした。

もっとも、理想主義者のわたしは、勇み足を踏もうとしました。「見聞触知《けんもんそくち》皆《みな》菩提《ぼだい》に近づく」という言葉もあるとおり、お互いが教義を公開し、勉強し合おうではないか……と提案したのです。ところが、ＰＬ教団の御木《みき》徳近《とくちか》先生に「庭野さん、教義なんぞをいじくったら、収拾がつかないことになりますよ」と忠告されて、それを引っ込めました。実際、そのとおりであって、理想と現実との間には長い時間をかけてジックリ解決していかなければならぬ、大きなギャップがあるのです。そのことを、わたしも、だんだんと実地に知るようになりました。

わたしの考えは、こうです。

この大宇宙と、そこに存在するさまざまな物体や生命体の根源を探ってゆきますと、ただ一つのエネルギーに帰着します。そのエネルギーが、さまざまにはたらきだして万物・万象を造り現わしているのです。仏教では、その根本のエネルギーを〈空《くう》〉といい、ある科学者はプランク常数hであるといっていますが、とにかく、それが宇宙の生命そのものであることは間違いなく、それ以外には考えようがありません。

万物を造り現わしている根源の生命を、〈空〉とか、エネルギーとか、プランク常数hとか呼んだのでは、普通の人間にとっては、どうもピンときません。空漠漠《ばくばく》たる感じで、つかみどころがありません。自分は確かにそれに生かされているのだ——という実感がわきません。それゆえ、その根源の生命を仏教では〈仏〉といい、キリスト教やイスラム教などでは〈神〉と呼ぶのです。

ですから、呪物《じゅぶつ》崇拝や、偶像崇拝を主とする宗教は別として、正しい大宗教であるかぎり、その信仰の対象となる大本のものは一つである——ということができます。

では、なぜ世界中にたくさんの違った宗教があるのか、といいますと、なにもむずかしく考える必要はないのであって、昔は地球上の交通が不便で、それぞれの人種や民族が、てんでに小さな集団をなして生活していたから……なのです。

小集団の神と異端

原始時代このかた人間は、それぞれの集団において、それぞれの〈神〉を持ちました。その〈神〉には、個人・集落・種族などを守護してくれる霊魂といった意味の神もあれば、前に述べた宇宙の根源の生命という意味の神もありました。前者は、いうまでもなく、その集団のみに通用する神でありますが、後者は、その大本を探れば一つであり、万国共通のものであるはずです。

しかも、地球上の交通が不便で、民族と民族の意思の疎通がなかなかできなかった時代においては、その大本のことがわからず、神の呼び名や、信仰の所作(行《ぎょう》)が違うために、お互いに異なった神仏を信仰しているように思い込んでいました。ですから、わが宗教以外は邪宗である、異端であると信じ込み、相互に理解したり、融和したりすることが困難でした。理解・融和どころではなく、多くの宗教戦争が起こり、宗教のために大虐殺をするなどという事件さえ、たびたび起こりました。

しかし、現代はそんな時代ではありません。交通・通信機関の極度の発達によって、世界は狭くなりました。世界中の人びとの考え方も、だんだん共通になりつつあり、この傾向は、これからもいよいよ強くなっていくことは必至です。そういう時代になってまで、あらゆる宗教が、それぞれ孤立し、あいかわらず排他性をもっているというのは、時代錯誤もはなはだしいというべきです。

現在においても、北アイルランドでカソリック系市民とプロテスタント系市民との対立があります。また、中東においてはイスラム教徒とユダヤ教徒との大規模な闘争があります。これは、いちおう宗教戦争の様相を呈してはいますけれども、じつは、もっと現実的な、すなわち領土に対する執着や、よりよい生活への願望などが主原因であって、異端への憎しみは、それに油を注いでいるものだと思うのです。とはいえ、異なった宗教を信ずる者に憎しみを持つことは、まだまだ前時代の尻尾《しっぽ》をくっつけている証拠であって、はたして二十世紀の文明人の名に値するかどうか、疑わしいといわなければなりません。

神を〈守護神〉の意味にしか考えていない宗教があるとすれば、それは一段と低いもので、民俗的には、たいへん味わいがあって捨てがたいものではありますが、現代および未来の社会においては宗教の名に値しないものと思います。そういう信仰の集団は、村落のような、きわめて小さいものにはあまり排他性がありませんけれども、部族・民族というように規模が大きくなりますと、いまだに強い排他性が見受けられるのは、神というものの本義を知らないからでしょう。

そのような〈守護神〉にしても、大本を探れば、ただ一つの宇宙生命の分身に違いありません（もちろん、われわれ人間も宇宙生命の分身ですが、不自由な肉体を持ち、現象世界に束縛されているためにそれを知らず、原始的宗教においては、超自然的能力を持つ霊界の存在を神として崇め、それに幸福の授与と生命の守護を祈ったわけです）。

ところで、世界中が、たくさんの集団に分かれ、意思の疎通が思うようにいかなかった時代には、その分身の種類も、たくさんなければならなかったでしょう。しかし、人間の集団の規模が外面的にもいよいよ大きくなっていく未来において、「これこそ、われらが守護神である。おまえたちには通用しない」という孤立性は、霊の世界においても、しだいになくなってくるものと、わたしは信じています。

このような思想と信念にもとづいて、わたしは、ひところ宗教統一ということを盛んに唱えていました。しかし、それは百年先か二百年先に実現するかしないかという理想であって、現在の世界においては、統一という言葉は誤解を生じ、逆作用をも起こしかねないことを悟りました。なぜならば、何千年、何百年のあいだ身にしみつき、血にとけこんでいる自民族の宗教の信仰所作というものは、理屈を抜きにして、なかなか離れがたいものであるからです。

それゆえに、わたしは理想に達するまでの一段階として、宗教協力という言葉を用いることにしました。そして今日まで、その唱導と実践に、あらゆる努力を払っているつもりです。

ただ、ここでぜひ言い添えておきたいことは、宗教協力というのは、各宗教団体や個々の宗教信仰者が、ある目的のために、ただ実践の上だけで協力し合うという意味ではありません。たとえば、赤い羽根募金をするために各教団がこぞって協力する……といった程度のものではないのです。そういった形の上のみの協力ではなく、心の底から理解し合い、手を握《にぎ》り合うことをいうのです。そうでなければ、世界を平和にし、全人類の幸せを進めるという大事業は達成できないからです。

宗教協力と平和の結びつき

宗教協力と平和活動との結びつきは、いかがでしょうか。

すべての大宗教は、その根底において人類愛を説き、心の平和を説いています。そういった宗教の信仰者は、少なくとも信仰を持たない人よりは、はるかに強い平和への願望を持ち、すべての人間に対する愛情を持ち、しかも、その願望と愛情を行動に現わす術《すべ》を知っています。ですから、信仰者こそは、人種の差を超え、国家の別を超えて、一つ心に結び合える可能性を最も多くそなえている人間である——と、わたしは確信するものです。そう確信すればこそ、宗教協力に懸命の努力を払っているのであり、宗教協力とは、そのような深い心の結び付きの上に、強い平和の砦《とりで》を築くことにほかならないのです。

一方においては、「信仰者であればこそ、協力することはむずかしい」という論をなす人もあります。これまでの信仰者に見られた独善性・排他性を振り返って見ると、確かに、そのような憂いがないわけではありません。しかし、それは、これまでの信仰者が形の上の信仰の相違点だけにとらわれて、その奥にある共通点を見ようとしなかったからのことであって、ほんの少しだけでも心を広く持って、他の宗教の本義を考えてみる努力をするならば、そのような憂いは一掃されるものと信じます。

わたしたちが、人間や、他の生物や、いろいろなものごとを見たり、考えたりする場合、相違する点を細かに見つけていく行き方と、同一な点に目を付けて考えるゆき方があります。

人間に例をとるならば、顔かたちや、体格や、皮膚の色や、言語・風俗などの違いによって、あれはアングロサクソン民族で、これは蒙古《もうこ》民族だ——というような見方が前者です。それに対して、どこの、どんな人間でも目は二つ、口は一つ、手足は二本ずつ、内臓の構造もいっしょ、親が子を可愛がる心も、飢えや死を恐れる気持ちにも変わりはない。人間は、みんなおなじだ——という見方が後者です。

前者のようなものの見方は、科学などを究めていく上には、どうしても必要なことですが、そればかりに片寄ってしまいますと、いろいろと、よくないことが起こります。いちばんよくないのは、何ごとにつけても差別的な感情を持つようになることです。たとえば、「あの男は自分と考え方が違う。だから、つきあいたくない」といった気持ちが起こるのです。「付き合いたくない」ぐらいならまだ無事だとしても、「倶《とも》に天を戴《いただ》かず」といった敵意にまで発展すれば、ただごとではなくなります。

いまの全学連の、いわゆる活動家たちの生態を見ますと、そのことがよくわかります。かれらは同じようにマルクス・レーニン主義を信奉しているわけでしょうが、その受け取り方や実践の仕方のわずかな違いによって、何派、何派と細かく分かれ、お互いが勢力争いをし、憎み合い、血を流し合い、果ては殺し合いまでやっています。あれも、つまりは相違点のほうばかりに目が片寄って、同一点のほうを見ようとしないからです。まことに愚かなことです。もし、かれらがその愚かさを悟り、行動理念のなかに一つの新しい統一理論を組み入れ、大同団結して活動することになれば、それこそ恐るべき力となってくるでしょう。

反対の例を挙げてみましょう。あなたは幾人かの友だちを持っておられることと思いますが、それらの友だちの顔付きや、性格や、ものの考え方や、趣味や、職業や、生活などが、あなたとまるっきり同じですか。おそらく、そうではないでしょう。それなのに、あなたは友だちと仲よく付き合っておられる。他の人が言えばムッとするようなことでも、友だちが言ったのなら笑っていられる。他人が半分かじった握り飯など食べられるものではないのに、親しい友だちのだったらひったくって食べたりします。

なぜでしょうか。ほかでもありません。一体感があるからです。性格その他のいろいろな相違点は念頭になく、「おれたちは親友だ」「わたしたちは仲よしだ」という一体感のほうが、心の大部分を占めているから、そういうことになるのです。

わたしたちは、身近に経験するこのようなありきたりの事実から、人間の生き方はどうあるべきか、人類の進むべき道はどこにあるか——を発見し、しっかりと考えていく必要があるのではないかと思うのです。

人間同士が仲よく暮らし、平和に生きていくためには、お互いの違っている点よりも、同一の点のほうを見ていくほうがよいことは、ほぼわかっていただけたことと思いますが、これは、わたしが事新しく言い出した理論ではなく、二千五百年も前に、釈尊が、ちゃんと教えてくださっているのです。そのギリギリ究極の哲理を示されたのが、『無量義経』の次の教えです。

「応当《まさ》に一切諸法《いっさいしょほう》は自《おのずか》ら本《ほん》・来《らい》・今《こん》、性相空寂《しょうそうくうじゃく》にして無大《むだい》・無小《むしょう》・無生《むしょう》・無滅《むめつ》・非住《ひじゅう》・非動《ひどう》・不進《ふしん》・不退《ふたい》、猶《な》お虚空《こくう》の如《ごと》く二法《ほう》あることなしと観察《かんさつ》すべし。而《しか》るに諸《もろもろ》の衆生《しゅじょう》、虚妄《こもう》に是《これ》は此《し》是《これ》は彼《ひ》、是《これ》は得是《とくこれ》は失《しつ》と横計《おうけい》して、不善《ふぜん》の念《ねん》を起《おこ》し衆《もろもろ》の悪業《あくごう》を造《つく》って六趣《ろくしゅ》に輪廻《りんね》し、諸《もろもろ》の苦毒《くどく》を受《う》けて、無《む》量億劫《りょうおっこう》自《みずか》ら出《い》ずること能《あた》わず」

現代語に直しますと、

「善男子よ。その一つの法門とは、無量義という教えです。菩薩が、この無量義の法門を修めようとするならば、まず、つぎのことを見極めねばなりません。すなわち、この世のあらゆるものごとの奥にあるのは、宇宙ができてから今までずっと変わることなく、一切が平等で、しかも大きな調和を保っている世界であるということです。われわれが肉眼で見る現象の世界では、大きいとか小さいとか、生ずるとか滅するとか、止まっているとか動いているとか、進むとか退くとか、さまざまな差別や変化があるように見えますが、その根本においては、ちょうど真空というものが、どこを取っても同じであるように、ただ一つの真理にもとづく、ただひといろの世界であることを見極めねばならないのです。ところが、多くの人びとは、この真実を知らず、目の前に現われた現象だけを見て、あれこれと差別して考え、得だ、損だなどとかってな計算をして、そのために善くない心を起こし、さまざまな悪い行為をなし、こうして迷いの六つの世界、すなわち地獄（憤怒《ふんぬ》）・餓鬼（貪欲《とんよく》）・畜生（無知）・修羅《しゅら》（対立）・人間（以上四つの迷いを持ちながら、わずかに抑制している状態）・天上（迷いの上に築かれた歓喜）をグルグル回って、いろいろな苦しみを受けるばかりで、いつまで経ってもその境界から抜け出ることができないのです」

というわけです。

現在の人間世界の状態を、つくづくながめてみますと、まったくそのとおりだと嘆息せざるをえません。富の分配をめぐって階級が対立し、物の貪《むさぼ》り合いから国と国とが争い、伝統的な差別感情から民族と民族が戦い、主義や体制の違いから国家群と国家群がいがみ合うというありさまで、地球上にいざこざが尽きるときはないのです。このまま放っておけば、いつ絶望的な核戦争が勃発《ぼっぱつ》するかわかりません。いまや人類は恐ろしい危機に直面しているのです。

この危機、この不幸な状態から人類を救うものは何か？　それは心です。心の立て直しです。釈尊が喝破《かっぱ》されたとおり、「三界は唯心《ゆいしん》の所現」ですから、心を立て直すほかに、この修羅の状態を完全に改め、恒久平和を地上に打ち立てる方法はありません。

心の立て直しの方法

心の立て直しが恒久平和への道であることは、よくわかりました。それでは、どのように心の立て直しを図ったらいいのでしょうか。

先ほどから縷々《るる》述べてきた原理にもとづいて、「人間は、もともと同じだ。すべてのものは、その根源において一つなのだ」という悟りに達するよりほかに、道はないのではないでしょうか。そのことを『無量義経』においては、前に引用したように哲学的に説かれているわけですが、『無量義経』に続いて説かれた『妙法蓮華経』においては、もっとわかり易く「人間は、すべて仏の子だ」と表現されています。この場合の仏とは、万物・万象の大本である宇宙の大生命のことです。つまり、個々の人間を見れば、別々の存在のように見えるけれども、その根源を探ってみると、すべてが、ただ一つの宇宙の大生命の分身であり、したがって、みんな兄弟・姉妹なのだ――と教えられているのです。

こんなことは、宗教でなくては教えません。ほかの、どのような学問でも教えません。人間が仲よく暮らすためにいちばん大事な「人間はもともと同じであり、一つである」という真理を教えるのが宗教であるかぎり、平和のために、宗教は絶対に欠くべからざるものなのです。人間はいかに生きているかを追求した学問は、社会学・人類学・生態学・生理学というように、ずいぶんありますが、人間はいかに生きるべきかを教えるものは、宗教以外にないのです。それゆえに、わたしは、〈国民皆信仰〉と〈宗教協力〉を生涯《しょうがい》の仕事として主唱し続けているわけです。

宗教の本義は同じ

正しい宗教であるかぎり、どの宗教でもギリギリの本義においては、「人間は、もともと一つである」ということを教えているのです。

キリスト教では、「すべてのものは全智《ぜんち》・全能の神がお造りになった」と説いています。その神を、人間の形をした大神通力の持ち主（人格神）のように考えるから、いろいろな間違いが起こるのです。この世界の、すべてのものを造った神といえば、とりもなおさず、宇宙の大生命にほかならないではありませんか。

神道では、祝詞《のりと》の中に「高天原《たかまがはら》に神詰《づ》まります」とあります。表面的な解釈では、高天原という特定の場所に、神々がお集まりになっているかのようにうけとれますが、その奥底にある意味は、「この宇宙に神がいっぱい詰まっておられる」ということなのです。いっぱい詰まっておられるとなれば、わたしも神、あなたも神、木々も神、花々も神、すべて神の分身ということになるわけです。

『法華経』の「見宝塔品《ほん》第十一」では、四百万億那由他《なゆた》（無量無辺）の国土に諸仏・諸菩薩《ぼさつ》が満ち満ちておられるありさまが説かれ、あとの「如来寿量品第十六」では、「（仏は）阿僧祇劫《あそうぎこう》に於《お》いて　常に霊鷲山《りょうじゅせん》及び余の諸《もろもろ》の住処にあり　衆生劫尽きて大火に焼かるると見る時も　我が此《こ》の土は安穏《あんのん》にして　天人常に充満せり」と説かれてあります。

真言宗では、三千世界は、すなわち大日如来の身であると説き、その分身である諸仏・諸菩薩が宇宙に遍満しておられるすがたを曼陀羅《まんだら》に表現しています。浄土宗や浄土真宗の阿弥陀《あみだ》如来は、原語では「アミターバ」（無量光）、「アミターユス」（無量寿）ですから、けっして西方浄土のみにおられるのではなく、この宇宙を、あまねく照らしている光明であり、あらゆる所に隙間《すきま》もなく存在する永遠不滅の生命です。

これら、「すべてのものを造りたもうた神」「高天原に神詰まります」「宇宙の根源は久遠実成の本仏」「三千世界は大日如来の身」「無量光・無量寿」などの表現の奥の奥にあるものを、よくよく考えてみてください。みんな根本においては同じ思想に貫かれていることがわかってくることと思います。

すべての正しい宗教は、それが起こった国土・民族・時代といった因縁・次第（順序・事情）の違いによって、考え方のニュアンスや、表現のしかたに相違はありますけれども、根本の教えは大筋において同じなのです。キリスト教の〈愛〉も、仏教の〈慈悲〉も、神道の〈マコト〉も、細かく論じ立てれば、小さな差異はありましょうが、その根源を見れば、すべて「宇宙の大生命の真理が、そのまま純粋に表われた人間感情」なのであって、変わりはないのです。マコトは真言《まこと》（言葉は心のひびきですから、真言と真心《まごころ》は同意）であり、それが仏教の真言《しんごん》と相通じているところなど興味深いものです。

仲よく暮らすことは真理に合致した生き方

そういうわけですから、すべての宗教の信仰者が、自分の宗教の本義を深く深く究めていけば、表現の上のさまざまな差異を突き抜けた奥に、必ず「人間は一つ」という真理が語られ、「だから、仲よく暮らすのが真理に合致した生き方だ」という教えが説かれていることを発見できるはずです。

そのようにして、地球上のすべての人間が、それぞれの宗教によって人間存在の根本真理をつかみ、これまで差別感のほうに片寄っていた心を一体感のほうへ立て直すことができたとき、初めてこの世に真の平和が訪れ、ほんとうの幸福がやってくるのです。

ですから、わたしの唱える宗教協力は、ただ宗教者が手を握り合うということにとどまらず、「それぞれ自らの宗教の本義を究めることによって、各宗教に共通する真理をつかみ、共通の真理をつかむことによって、おのずから一体感が生じてくる」という境地をこそ、理想のすがたとして望んでいるのです。

核禁会議

国内で生まれた宗教協力活動は次第に輪が拡がり、国際的な規模に発展しましたが、最初の国際平和活動であった核兵器禁止宗教者平和使節団の活動に至るまでをおうかがいします。

幸いにして、宗教協力の機運はしだいに高まってきています。新宗連も、設立当初は「宗教の単一性を忘れた節操のない者のやることだ。そのうち空中分解するだろう」などと冷眼視されていましたが、空中分解どころか、共鳴者は年々ふえて昭和四十七年現在で八十六教団という大組織になり、仲よく活動しています。

その新宗連は、設立の翌年には日本宗教連盟（日宗連）に加盟しました。それ以来、全日本仏教会・教派神道連合会・日本キリスト教連合会・神社本庁・新宗連の代表者が日宗連の理事長を輪番でつとめることになりました。わたしは四十年十月に新宗連の理事長に就任し、現在四期目をつとめていますが、四十四年には日宗連の理事長を一年間つとめました。

新宗連の日宗連への加盟は、既成宗教が〝新興宗教〟を異端視し、反感を持っていた当時としては画期的なことでしたが、現在では、もはやそんな空気はほとんど見られなくなり、よく融和と協力の実を上げています。「すべては一つになる」という歴史的必然が、きわめて徐々ながら確実に実現しつつあると思うのです。

世界的にながめてみても、そのとおりです。ジュネーブに本部のあるW・C・C（世界のキリスト教の連合体である世界教会協議会）などは、なかでも最も活発な動きをしており、前カンタベリー大司教のフィッシャー師は、キリスト教を一つにしようというのでバチカンへ飛び、「新教と旧教は手を握ろう」という運動をされました。

また、キプロス共和国のマカリオス大統領、オランダに本部のあるIARF（国際自由宗教連盟）のディナ・グリーリー博士、バチカンのジョン・ライト枢機《すうき》卿《けい》など、世界には同じような考えを根底にお持ちの方々がたくさんおられます。わたしは、いろいろな因縁でそうした方々にお目にかかり、腹を割って話し合う機会を、たびたび持ちうるようになりました。

初めて訪れた大きな機会が、三十八年秋に核兵器禁止宗教者平和使節団の一員として渡欧した際でした。その使節団は、宗教者の立場から全面的核兵器禁止を広く世界に訴えようとしたもので、原水禁運動が、これに参加する人びとのイデオロギーや政治的立場の違いによる対立のために低迷している状態にあきたらず、それらの立場を超え、一丸となってその運動の先頭に立つことが時代に生きる宗教者の最大の責務である、との自覚から生まれたものでした。とくに、わたしが心を引かれたのは、この使節団の使命の一つとして、東西の宗教家が手を携えて平和のために立ち上がることを呼びかけようと意図していることでした。

キリスト教の松下正寿《まさとし》氏（当時、立教大学総長）を団長、仏教の高階瓏仙《たかしなろうせん》老師を名誉団長とする一行十六名（わたしは副団長の一人）は、まずローマへ飛び、バチカンでローマ教皇パウロ六世にお目にかかり、次のような「平和提唱」の原文と英訳文を教皇に手渡しました（もちろん、これは正式に訪問した方すべてに手渡したのです）。

平和提唱（原文）

米・英・ソ政府の断固たる決断と、当該国民の絶大な支持により、部分的核停条約が成立したことは、全人類にとって最大の福音である。

殊に、核兵器保有国が、その世界観ならびに世界政策において、いまなお根本的対立を持ち、相互不信感が存するにもかかわらず、部分的核停条約が成立したということは、人類が暗黒より光明へ、破滅より共存への第一歩を踏み出したものであり、われわれはここに改めて人間の英知を再発見し、人類の将来に対し、輝かしい希望を新たにするものである。われわれ宗教関係者は、この歴史的大決断の背後に、目に見えざる偉大なる力が働いていることを悟り、感謝にたえない。この喜ばしい時に際し、われわれはこの勢いを一層促進する目的をもって、つぎの三点を提唱する。

一、核兵器実験の全面的、かつ無条件の禁止をすること。

二、核兵器の生産、貯蔵、使用の全面的禁止をすること。

三、国際協力に基づく原子力平和利用により、富の不平等を克服し、人類の福祉を増進すること。

われわれは、右の理想を実現するためには、世界宗教家の全面的協力が必要であることを痛感し、ここに以上の提唱を行なう次第である。

昭和三十八年九月　　核兵器禁止宗教者平和使節団

これに対して教皇は、次のように答えられました。

「核兵器を禁止し、世界の平和を実現するという高い理想を掲げて、遠路わざわざおいでになったみなさまに対し、深い敬意と感謝の念を表します。

特にみなさまが日本の宗教界を代表する重要な指導者であられることを思うとき、みなさまのご来訪を受けたことは、わたしの特に大きな喜びとするところです。わたしは、みなさまの平和提唱に対し、全面的に賛成いたします。

核兵器は人類の生存を脅《おびや》かす恐ろしい武器です。われわれ宗教家は、核兵器を全廃し、人類を戦争の危険から救うべく努力する責任があります。三点に集約されるみなさまの平和提唱は、きわめて適切に人類の願いを表明するもので、わたしはこれに対し、真剣に考慮することをお約束いたします。

わたしは政治や経済に尽くす力を持っていません。わたしのなしうることは、人の心に呼びかけることであります。わたしは、みなさまの平和提唱における三点が実現されるよう努力するとともに、みなさま方宗教家が、今後いっそう平和への正しい努力を続けられますよう切望いたします」

次に、一行はスイスのジュネーブへ飛び、W・C・Cのヴィザート・フト総主事と懇談しました。そのとき同総主事が言われた「多くの人びとは、真の平和は、とても高い所にあって、小さな努力をしてもムダだ、と思っているでしょうが、わたしたちは、そうした悲観的な考えは間違っていると思う」という言葉は、非常に印象的でした。

それから一行は、フランス、ソ連、西ドイツ、イギリス、アメリカなどを訪問しました。ところが、この使節団の主たる目的が核兵器に関するものであったために、各国の政治家はとりわけ神経を使ったらしく、ソ連のフルシチョフ首相やアメリカのケネディ大統領をはじめ、各国首脳者とは会見できませんでした。

しかし、ウ・タント国連事務総長、ロシア正教主教エブリアン・エリノブス師（ソ連）、カンタベリー大司教ラムゼー博士（イギリス）、アジア大洋州局長マナック氏（フランス）、国連軍縮局長アレキサンダー氏（アメリカ）らの主要人物と話し合うことができました。こうした方々は、わたしどもの提唱に対して、それぞれ表現こそ違え、いずれも全面的に賛意の言葉を述べておられました。

とくに、お会いした人びとが異口同音に言われたことは、「被爆国の日本こそ、核兵器禁止運動のイニシアチブ（音頭）を取るべきである」ということでした。わたしたちは、被爆という災禍《さいか》を転じて福となす意味においても、そしてまた原爆犠牲者の霊を慰め、二度とこの恐ろしい惨劇を起こさぬためにも、われわれ日本人の担《にな》う役目はまことに重大であると痛感しました。

もう一つ大事なことがあります。この使節団の副産物として、たくさんの宗教家たちが、各自の宗派を超越して、その心において、目的において、行動において、予期した以上にお互いが裸になって理解し合い、協力し合えたことです。わたしは、日ごろ叫び続けてきた宗教協力が、ほのぼのとした暁《あかつき》を迎えつつあることを実感し、言い知れぬ喜びを覚えたのでした。そして、だれが言ったか忘れましたが、有名な次の言葉をつくづくと胸に嚙《か》みしめたのでした。

「一人では何もできない。しかし、一人が始めなければ何もできない」

第六章　世界宗教者平和会議に向けて

バチカンの感激

核兵器禁止の宗教者平和使節団に次いで大きかったのは、第二バチカン公会議に招かれ、教皇パウロ六世と会見されて相互に宗教観を語り合われたことだと思いますが……。

そうです。あれは昭和四十年のことでした。三月に、バチカンのパウロ・マレラ枢機卿《すうきけい》が、教皇の特命を受けて来日し、日本の各宗教の代表者と話し合い、各宗教団体を見学したうえで、わたしに「日本宗教界の代表として、バチカン公会議にゲストとして参加してほしい」と要請されたのです。

バチカン公会議というのは、カトリック教界では一世紀に一度開かれるという最高の会議です。ローマ教皇以下、世界のカトリック教会の首脳者が参集して、その後百年間のカトリック教界の方向を定めていく重大なもので、もちろん、それに参加できるのはローマ教皇の統率下にあるカトリック教会の大司教に限られていたのでした。よく世間でも、ある世界に絶対権力を持つ人を法王という名で呼んでいますが、ローマ法王（教皇）は、まさに、そのような存在であって、一八六九年から七〇年にかけて開かれた会議では、教皇不可謬《ふかびゅう》の教義が制定されました。教皇の選ぶ道は絶対であり、何人も否定することができないというものです。

しかし、近年のキリスト教には、大きな変動が起こり始めていました。一五一七年のマルチン・ルターによる宗教改革からこのかた、キリスト教はカトリック（旧教）とプロテスタント（新教）とに大別されるようになっていました。カトリック側は、プロテスタントを異教として扱い、その信徒を迫害しました。カトリック信者とプロテスタント信者との結婚は認めないという規律も作られ、そのために若い男女の悲劇を数多く生み出したりしました。それどころではなく、両信者の憎しみ合いから、戦争までもがひきおこされました。今でも北アイルランドでは、そうした争いが続けられています。

人の心を美しくし、世に平和をもたらすための宗教が、その発生の因縁や信仰所作（行）の小さな違いにとらわれて相争うとは、これほど不合理なことはありません。その不合理をなんとか乗り越えようとする心ある人びとがエキュメニカル運動（教会一致運動）を起こし、しだいに、それは盛んになりつつありました。

そうしたなかで、前ローマ教皇ヨハネス二十三世は「キリストの血を受け継ぐ者が、争い合うときではない。平和のために、お互いが接近を図るべきである」と宣言され、エキュメニカル運動に積極的に乗り出されました。

教皇パウロ六世が、その後を継がれてから、その機運はますます高まり、自らバチカン城の重い扉《とびら》を開いて、ギリシャ正教のアテナゴラス大主教やインドなどを訪問され、さらに進んで他宗教のために渉外機関を設置して、相互理解の促進に力を注いでおられました。そして、ついに百年に一度というバチカン公会議に、はじめて仏教徒をゲストとして招待されるという思い切ったことをなさったわけです。

わたしは、同年九月十一日、羽田を出発し、十四日午前九時から行なわれた第二バチカン公会議開会式に列席いたしました。

開会三十分前に、サン・ピエトロ大聖堂内には、全世界から集まられた二千五百名の大司教たちが、鮮《あざ》やかな盛装に威儀を正し、粛然として所定の席に着かれました。

やがて九時、高さ百三十二㍍の大ドームに、堂内のここかしこからわき上がる賛美歌の美しい調べが満ちあふれ、おりからステンドグラスが虹《にじ》の光をサッと差しかける中を、教皇パウロ六世は白い法衣姿で、十二使徒に囲まれながら静かに出座され、大ホールの中央で厳粛なミサが執り行なわれました。

わたしは、ミサの行なわれるすぐそばに席を頂き、その様子を手に取るように拝見させて頂きましたが、その荘厳さ、見事さに、深い感銘をおぼえました。仏教にも「信は荘厳《しょうごん》より起こる」という言葉がありますが、そのとおりで、宗教は

〈理〉においても正しくなくてはなりませんが、それぱかりでは〈信〉の情操は深まらないもので、やはり宗教的行事の美しさ、厳《おごそ》かさが伴わなければならないと、いまさらながらつくづくと感じました。

また、開会式の冒頭に「まず、わたしども宗教者が寛大な気持ちをもって、あらゆる人種、あらゆる宗教のかたたちにも、神の愛が平等に与えられるように、この行事を十分に果たさねばならない」という言葉があり、続いて「自分は、いたらない者であるけれども、このカトリックの伝統の儀式にのっとり、キリストになり代わって教皇をつとめる」という宣言がなされました。これは、まったく責任ある宗教家の立場を端的に表明されたものでしょう。個人としての至らなさを謙虚に認めつつ、しかも、神・仏の身代わりをつとめるという重い使命を自覚しているのが、真の宗教家であるからです。

教皇は、キリストの命を受け、神の摂理（意志）に従って、なすべき使命を果たしていくという誓いを立てられ、それから約一時間にわたって説法をされました。その内容は、主として平和の問題と教会一致の問題でした。仏教者であるわたしが聞いても、心からうなずかされることばかりで有り難く拝聴しましたが、なかでも胸に残ったのは、懺悔《さんげ》をこめた次の言葉でした。

「キリスト教が分派を生んだその罪は、歴代の教皇にある。今や、キリスト教をはじめ、宗教が分派している時ではない。互いに手を取り合って、一つの平和へ向かって進むべき時機である」

その翌日の夕方、わたしは単独で教皇にお目にかかりましたが、とくにわたしが忘れられないのは、教皇がわたしの手を握りしめながら、

「あなたがなさっておられる宗教協力のことは、親書で知っております。すばらしいことです。これは大いに推進してください」

と、眼を輝かせながら言われたことです。そして、さらに、

「教皇庁でも、異教に対する考え方が変わってきています。宗派にこだわらず、互いに認め合い、祈り合うことが必要です」

と力をこめて言われるのでした。わたしは、思わず胸が熱くなるのを覚えました。

仏教徒がキリスト教徒のために祈り、キリスト教徒が仏教徒のために祈る、互いに祈り合う――宗教協力の精神は、まさしくこれだ！　と深く感じ入ったのです。わたしは、

「世界平和のために、精いっぱいの努力をいたします」

と、心から申したのでした。会見の終わりに教皇は、

「あなたのなさっておられる尊い行動には、必ずや、神のご守護があるでしょう」

と力強くおっしゃってくださいましたが、この言葉は確かに真実であるという直感が、グッと胸に迫りました。そして新しい勇気が勃々《ぼつぼつ》と湧《わ》いてくるのを覚えたのでした。

わたしは、教皇パウロ六世の暖かい手を一生忘れないでしょう。二人が交わした堅い握手は、仏教とキリスト教との協力・友好・相互理解を、言葉を超えて血の通うものとしたのだ――と、わたしは信じています。しかも、宗教協力の必要性について双方の意見がまったく一致したことは、この上もなく喜ばしいことで

した。「まず、この二大宗教のかけ橋になろう。そして、その橋をほかの宗教へも次々にかけ渡していこう」という決意を、わたしはさらに深くしたのです。

教皇庁を辞してホテルへ帰る道すがら、わたしの胸に去来した思いは、仏教もキリスト教もその本質は同じであるということでした。キリストが説いた愛も、仏教の慈悲も、言葉や説き方の違いはあってもギリギリのところでは少しも変わりがないではないか。つまるところは、みんなが寛大な心をもって許し合い、暖かい思いやりを交わし合い、幸せに、平和に暮らそうということではないか。その教えに含まれる倫理観にしても、人を殺すな、嘘《うそ》をつくな、財物を貪《むさぼ》るな、邪淫《じゃいん》を犯すな、忍耐せよ……など、大筋においては、まったく同じではないのか。

釈尊は『法華経』の中で「ほんとうの教えは二つも三つもあるのではない。ただ一つである。すべての教えは一仏乗である」と仰せられていますが、そのお言葉の真実が、ほんとうに身にしみて感じられたのでした。なんとかして世界のあらゆる宗教指導者が一堂に会する平和会議をもちたいという希望と、その可能性を信じることができたのは、実に第二バチカン公会議のその時であったということができましょう。

ユニテリアンとの出会い

ローマ教皇との会見に次いで、平和活動の共同推進母体となったユニテリアンとの出会いを、あわせておうかがいしたいと思います。

核兵器禁止宗教者平和使節団の一員として各国を訪問したころ、本会とアメリカのユニテリアン・ユニバーサリスト教団との交流がもたれるようになりました。ユニテリアンの考え方を知り、「アメリカにも自分と同じ考えを持つ人たちがいたのか」と、たいへん心強く感じたからでした。

ユニテリアンというのは、キリスト教が長い歴史の過程で、しだいに形式的・慣習的に流れ、その真精神が見失われたのを嘆き、ほんとうのキリストの精神に立ち返って、それを、いきいきと生活の上に実践しようと熱望した人たちが、約二百年前にロンドンで同志的な結合を造り、アメリカでも同じころ発足し、発展したといわれています。

神はただ一つである

「神は、ただ一つである」として、神に直結する信仰を持ち、キリストの教えを既成の教義にこだわることなく人類の倫理として信奉し、実行し、宣布していこうというのが、ユニテリアンの信条です。そして、真理を愛する熱情と、キリスト精神との絆《きずな》（断ちがたいつながり）によって、神への信仰と人間への奉仕のために、お互いが堅く結ばれようというのが、その誓いです。

キリスト教におけるこのユニテリアンと、仏教における立正佼成会とを比べ合わせてみるとき、その成り立ちにおいて、考え方において、目的において酷似していることに一種の驚きを覚えました。いや、ほんとうは驚くにはあたらないのであって、神・仏に直結する信仰にめざめ、それを真剣に追求していこうとすれば、このように同じところへ帰結するのは当然のことなのです。

わたしは、ずっとユニテリアンに同志的親愛の情を持っていましたが、四十三年一月に京都で開かれた《平和についての日米諸宗教京都会議》でデイナ・マクリーン・グリーリー博士にお会いして語り合い、会議終了後、上京された博士が、わたしどもの会を訪問、見学され、そこでまたゆっくりと膝《ひざ》を交えて懇談する機会を持つことができました。

ユニテリアンの人たちは、早くから宗教協力の志を持っていました。そして、一九〇〇年には早くも他宗教の自由思想家・活動家たちを加えた国際連盟を組織しているのです。

その目的とするところは、世界各国でほんとうの信仰と完全な自由をめざして活動している人びとが提携し、友情と協力を深めつつ、その理想を実現していこうとするところにありました。そして、その精神はＩＡＲＦ（国際自由宗教連盟）という機関として結実したのです。

この点についても、佼成会が、その草創期から他の教団と協力する姿勢を持ち、新宗連の育成に力を尽くし、特に、この十数年来、宗教協力を内外に呼びかけていることと、まったく軌を一にしているのです。

向こうのほうでも、佼成会を見学し、その性格や活動ぶりをまのあたりに見て、「生きた仏教がここにある」「その信仰形態には、まったく魅せられてしまった」と深く共感してくれました。双方の気脈はまったく一致し、生まれながらの兄弟の感があったのでした。

グリーリー博士との懇談で中心の話題となったのは、宗教者同士の対話ということでした。

それをとおして、相互理解こそが人間社会に調和と平和をもたらす前提となるもので、その相互理解の前提となるものは対話である……という点において、わたしたちは完全に意見が一致したのでした。グリーリー博士は次のような意味のことを言われました。

「人間は、お互いにバラバラに生きているようですけれども、神の前においては一体の存在です。そのことに思いをいたし、兄弟愛をもって、すべてを処理していくべきです。お互い、そんな気持ちをもって話し合えば、理解し合えないことはありません。そして、そのような〝人間家族〟を造り上げることに努力するのが、宗教者の使命です」

わたしも、釈尊のお言葉を引いて、

「仏さまは『今此《こ》の三界は、皆是《こ》れ我《わ》が有《う》なり。其《そ》の中の衆生は、悉《ことごと》く是《こ》れ吾《わ》が子なり』と、おっしゃっておられます。まさしく全人類は仏の下においては一つの人間家族です。ですから、われわれはみんなが奥の奥に持っている仏性を認め、それを礼拝し合わなければなりません。それが平和への道であると信じています」

わたしにとって、日本における数々の善知識《ぜんちしき》とともに、海外にも教皇パウロ六世やグリーリー博士という善知識を持ち得たことは、たとえようもない喜びでした。これによって、わたしの宗教協力の呼びかけに何にも増して力強い後ろ楯《だて》ができたのでした。

この出会いは、その後、いろいろな実を結びました。四十四年七月下旬にアメリカのボストンで開かれたＩＡＲＦの第二十回世界大会に招かれて出席し、その大会で立正佼成会のＩＡＲＦへの加盟が満場一致で可決されました。そして、さらに大きな成果は、四十五年秋に京都で開かれた世界宗教者平和会議です。

準備会議の積み重ね

こうした出会いと協力の積み重ねが、世界宗教者平和会議へと発展したわけですね。

袖すり合うも他生の縁

そうなのです。出会い——これは人生にとって、じつに重要なことです。あらゆる人間関係が、出会いから始まるのです。「袖《そで》すり合うも他生《たしょう》の縁」という言葉がありますが、それは「知らぬどうしが道ですれちがって袖を触れ合うのも、前世（過去）のいろいろな縁（条件）が熟した結果にほかならない」という意味で、仏教の深い人間観を表わしたものですが、わたしは、それに新しい意味を付け加えたいと思うのです。

というのは、他生というのを過去の世とのみ考えず、未来の世をもそれに含めたいのです。したがって、今日の出会いを「過去の行ないの結果」として、ただ感慨にふけるだけでなく、さらに進んで「未来に善い人間関係を樹立する縁」として、どこまでも展開させていかねばならぬと考えるのです。

昭和四十五年十月に京都で開かれた第一回の世界宗教者平和会議は、そういう意味で非常に重大なものであったと、わたしは確信しています。

この会議は、世界各国の宗教団体から約三百人の代表者が参集して、お互いに、それぞれの宗教の本質を理解し合い、その中に平和の原理を求め、平和運動を強力に推し進めて、戦争の脅威を取り除くためにいかに協力提携し、いかに実践していかなければならないかを語り合おう、という目的のものでした。

一九六〇年の初めごろ、アメリカのグリーリー博士、ジョン・ライト司教（現在、枢機卿《すうきけい》)、ジョン・ウェスレイ・ロード師、ならびにモーリス・アイゼンドラス師などが、それぞれ別々に宗教と平和のために世界会議を開きたい、という希望を持つようになりました。

それが実って、一九六四年には、非公式なアメリカ宗教者委員会がニューヨークで開かれ、その翌年にはニューヨークの国際連合センターで、これも非公式ではありましたが、アメリカの宗教者平和会議が開催されました。ここから、この目的のための、より大きな規模の組織造りが始まることになりました。

こうして、一九六六年三月に、ワシントンで「平和のためのアメリカ国内諸宗教者会議」なるものが開かれ、約五百人の聖職者と信徒が、この会議に参加しました。このときの会議録は、『宗教と平和』と題して、ボブス・メリル社から発刊されています。

なお、この会議で、一九六七年には世界の諸宗教の代表者による、平和のための会議を開催できるように努力する——という提案がなされています。それに応えて、一九六七年にはアフリカとアジアで運動が起こされ、その結果、一九六八年一月十日から五日間、インドのニューデリーで「平和についての国際諸宗教会議」（平和に関する国際宗教者間のシンポジュウム）が開催されました。わたしにも招待状が参りましたが、ちょうど布教大会のスケジュールと重なったため出席できなかったのですが、この会議には、全世界の、二十近い宗派の代表者、約五十人が参加しました。このときの会議録は『世界宗教と世界平和』という題の本として、ボストンのビーコン・プレスから発行されています。

このニューデリーの会議からの帰途、アメリカの宗教代表がわが国に立ち寄り、一月二十二日、国立京都国際会館で「平和についての日米諸宗教京都会議」が開かれました。この会議には、前述のようにわたしも出席しましたが、会議は終始熱のこもった平和のための討議がくり返され、そして今後もさらに会議をたびたび開くことが約束されました。

その約束どおり、翌四十四年二月、トルコのイスタンブールで国際宗教者会議が開かれ、席上、昭和四十五年（一九七〇）の秋、京都で、なんとしても「世界宗教者平和会議」を開催したいという強い念願が、各国有志から開陳され、その提案が採択されました。

このように、期せずして世界の各地に燃え上がった「平和のために、世界の宗教者が手をつないで立ち上がらなければならない」という切なる願いが、ついに炬火《きょか》となって世界の宗教界を動かすにいたり、日本宗教連盟もまた、心から賛意を表し、喜んでその主催を引き受けることになったのです。

準備委員会ならびに実行委員会

昭和四十四年二月のイスタンブールの会議後、ただちに諮問《しもん》委員会が開かれ、「世界宗教者平和会議」のための、第一次の準備委員が決められ、その中から、さらに実行委員が決められました。

そのようにして準備委員会と実行委員会ができましたので、同年七月二十一日から三日間、アメリカのボストン郊外のデッダムという所で第一回実行委員会が開かれました。わが国からは、日本宗教連盟を代表して、わたしと大石秀典新宗連事務局長ほか、委員・通訳など七人が出席しました。

この会議では、第一回の準備委員会と「世界宗教者平和会議」の日程、平和会議に参加する各国代表の数、会議のテーマ、予算など、基本的な問題について検討がなされました。このときの決定に従って、昭和四十四年十二月二日に京都で二回目の実行委員会が開かれ、その翌日から三日間、国立京都国際会館で準備委員会が開かれて、翌四十五年十月十六日から京都で開かれる本会議に関する大筋の事がらが決定されたわけです。

さて、この会議の開催についての世間の評価や期待は、かならずしも好意的だったとは言えません。「宗教家が集まって平和を論じてみたところで、どれほどの実効があるものか」という見方が一般的でした。

しかし、世界平和は、地球上三十数億の人間がことごとく希求してやまないものです。核兵器が全面的に禁止されないかぎり、全人類は意識の上では雑多な状態ですけれども、実際は一蓮托生《いちれんたくしょう》（運命をともにする）の存在です。三十数億の人間が、ただ一隻の船に乗って荒海を航海しているのです。とすれば、なんとかして、その船が沈まないように力を合わせなければならないではありませんか。難事業であるとか、目先に実効はないだろう……とかいって、手をこまねいていては一歩も進みません。

どんなに不毛の土地だからといって、どんなに気候が酷烈《こくれつ》だからといって、種子をいつまでも納屋にしまって置いたのでは、芽が出るはずはありません。したがって、ぜったいに花は咲きません。実も結びません。

とにかく種子を蒔《ま》いてみることです。一坪（三・三平方メートル）でもよいから地を耕し、肥料をやり、そこに種子を下ろしてみることです。もし、その種子が死んだら、こんどはフレームを造るなり、ビニールを張るなりして、ふたたび蒔いてみるのです。それでも発芽しなかったら、また何か工夫を加えて蒔いてみるのです。

こういう辛抱強い努力と工夫を積み重ねていくうちに、いつかは必ず芽生えを見ることでしょう。

わたしは、人間はそれを成しうる英知の持ち主であると信じます。信じなければ、とても生きていけないではありませんか。楽観主義者といわれても、お人よしといわれても、わたしは人間を信じます。

種子を蒔くよろこび

〝出会い〟の積み重ねが〝信じ合う〟同志的結合を強めたのですね。そのなかでの会長先生のお気持ちを、もう少し、おうかがいしたいと思います。

信ずるからには、まず自分から進んで種子を蒔《ま》いてみるのが、行動的な人間のあり方ではないでしょうか。自分ひとりがやってみても、どれほどのことができるんだろう……と考えこんだり、現実の壁はあまりにも厚い……と尻《しり》ごみしたりしていたのでは、事は起こりません。だれかが事を起こせば、必ず後に続くものができるのです。

ナイチンゲールが、戦場に傷つき病んで倒れている兵士の悲惨を思うやむにやまれぬ気持ちから、クリミヤ戦争に従軍し、敵味方の別なく看護したことで、その真心がスイスの医師アンリー・ジュナンを動かして赤十字運動が起こりました。その赤十字が現在どうなっていますか。平時・戦時の別なく、人種・国境を超え、全人類の福祉のための大きな力となっているではありませんか。

われわれ志を同じくする宗教家たちが結束してこの会議を持ったのは、こうした理由からです。そして、それが実現できたのも、まず接触という種子を蒔いたからです。接触し、話し合いを重ねる間に、機運はしだいに醸成されてきたのです。もちろん、まだ種子を蒔いたばかりの状態ですけれども、とにかく理想と友情をもって結ばれた同志が集まって種子を蒔くことができたことは、なんともたとえようもない喜びです。

このようなわたしの考え方は、世界宗教者平和会議の開会式に際し、わたしが国際問題委員会委員長として行なった次のあいさつを読んでくだされば、さらに、よくわかっていただけると思います。

「世界の各国からお集まりくださいました親愛なる宗教者のみなさま方に対し、ご挨拶《あいさつ》いたす機会を得ましたことを心よりうれしく存ずるとともに、遠方より、この会議を意義あらしめるために、ご参集くださいましたみなさま方に、開催国の当事者として厚く感謝の意を表するものであります。また全日本仏教会会長の大谷光照《こうしょう》猊下《げいか》におかれましても、名誉総裁を快くお引き受けくださり、錦上花《きんじょうか》をおそえくださいましたことを、ありがたく存ずる次第でございます。

さらに、この世界宗教者平和会議を実現すべく、準備委員、実行委員として努力されましたジョン・ライト枢機卿《すうききょう》、グリーリー博士、フェルナンデス大司教、ディワカー師、アイゼンドラス師、フセイン教授、ロード師、マレイ師、三宅先生、その他多くの方々に対しましても、心からお礼を申し上げたいと存じます。

さて、常日ごろ、人間の魂の平和、人と人との間の平和、ひいては世界の平和のために尽力されておられる宗教者のみなさま方と、一堂に会して語り合うということが、わたくしの念願でありました。それが、いま、ここに実現いたしたのでありますが、わたくしは、この会議が必ずや成功するであろうという確信を懐《いだ》いているのであります。あるいはお叱《しか》りを受けるかもしれませんが、なぜ、わたくしがかかる楽観的な観測を持つにいたったかということを、ささやかな、わたくしの体験から申し上げることをお許しいただきたいと存じます。

かつて、宗教は、そのおのおのがもつ宗教信念のゆえに、互いに協力することができず、むしろ反目し合ってきたというのが実情であります。しかし、交通・通信機関の発達によって、地球はきわめて小さくなり、科学の進歩によって地球を客観的に眺《なが》めうる時代を迎えて、人類家族の結束が真剣に考えられる段階にいたっております。かかる時代に、武力ではなく、人間尊重の精神によって、平和な世界を創造することの原動力たりうるものは、宗教以外にはない、と思うのであります。

いまこそ、宗教なるがゆえに対立するのではなく、人間の幸福と救いとい

つ宗教なるがゆえに協力しなければならぬ

う共通の願いをもつ宗教なるがゆえにこそ、相協力して、人類と世界平和のために貢献しなければならぬという深い責任を感ずるのであります。そのことが神のみ心、仏の精神を地上に実現しようとする、わたくしたち宗教者の使命であって、そのために、わたくしたち宗教者は、『何をなすべきか、何ができるのか』を、この世界会議において、真剣に語り合いたいものであります。

何をなすべきかという一点にしぼる

そもそも、この世界宗教者平和会議の構想が芽ばえたのは、一九六八年一月に開かれた日米諸宗教京都会議の席上であります。それまで、わたくしとは一面識もなかった外国の宗教者の方々と語り合ううちに、世界平和に対する互いの熱意を確認し、理解し合い、同志を見いだしたという喜びを懐いたのであります。

そして、この理解は、やがて信頼となり、信頼による話し合いは友情を生み、ついには宗派の壁をのりこえて宗教協力に高まり、この世界宗教者平和会議を実現するまでに育ってきた事実を、わたくしは体験いたしたのであります。それは利害や打算で成しうるものではなく、また、仏教徒とか、キリスト教徒といった範疇《はんちゅう》に埋没していて叶《かな》うことではありません。ただ一途《ず》に、人類の幸福のために貢献する宗教者として、力を合わせて何をなすべきか——という一点にしぼって活動してきたからこそ、可能であったわけであります。

その意味から、わたくしは、この世界会議準備のための二年間に得た宗教協力の楽しい体験と、今までにお会いした各国宗教者との熱意ある貴重な語り合いから、この世界会議が十分な成果を上げ、世界平和に寄与することができるという確信をもつにいたったのであります。

ところで、この世界会議を万国博覧会の開催期間中に行なうならば、万博を見学できる関係上、会議参加者の数はより増加するであろう、という意見もございました。しかし、万博が掲げた『進歩と調和』のテーマは、あくまでも人類の希望であって、その希望を実現するものは、これからの仕事でありま す。そして、このテーマを実現するための土台となるものこそ、わたくしたち宗教者ではないでしょうか。すなわち、進歩を秩序ある進歩とし、対立を解消して、すべてのものに調和をもたらすものは、わたくしたち宗教者の使命であるという意味から、あえて万博の終了直後に、この世界会議を開いた、わたくしたちの気持ちを、ご了解いただきたいと存じます。

確かに、宗教否定もしくは無視の傾向が強いといわれる今日であります。しかし、神仏を信じる信じないにかかわらず、人びとの魂の最も深いところで、『果たして、人間のあり方はこれでよいのか……』という疑問とともに、時と所を超えた普遍の真理にもとづく人間の歩むべき道が求められていることは否定できません。すなわち、科学の暴走と、世界中に充満する不調和現象に対する不安と反省が徐々に湧《わ》きつつあることも事実でありましょう。

進歩よりもむしろ調和を

万博の閉会式において、ある外国代表が、『もし進歩と調和のいずれを採るかという二者択一を迫られたならば、わたしは調和なき進歩よりも、進歩なき調和のほうを採りたい』と言っております。

宗教者間の不調和は神仏との不調和

いまや人類は、地球という一つの船に乗った兄弟である――という表現さえなされるときに、ある者は腹ふくるる思いをし、また一方では飢えに苦しむ者があるという不調和、あるいは科学と精神との不調和、自然と人間の不調和など、悲しむべき不調和現象が数多く見られるのが世界の現状であります。

さらに、こうした不調和の中で最も反省すべきことは、過去における、わたくしたち宗教者間の不調和であり、それは、つまるところ神と仏のみ心に対するわたくしたち宗教者の不調和であって、これに対する深い懺悔《さんげ》が、まず最初になされるべきでありましょう。

この反省と懺悔の上に立って、討議し、協力してこそ、この世界宗教者平和会議が、必ずや人類の福音となるような結果を生み出すと思うのであります。

わたくしは、以上のことを念願いたしまして、開会式のご挨拶に代える次第でございます」

世界宗教者平和会議

世界各国の宗教指導者たちの努力の結晶で実現した世界宗教者平和会議（京都会議）のようすは、いかがでしたでしょうか。

世界宗教者平和会議は、昭和四十五年（一九七〇）十月十六日から二十一日までの一週間、国立京都国際会館で開かれました。参加国は世界の各地から三十九ヵ国、その中に、ソ連、ポーランド、東ドイツ、ルーマニア、ブルガリア、モンゴールなどの共産圏の国々も入っていたことは特筆に値しましょう。その宗教は、仏教・キリスト教・イスラム教・神道・儒教・ヒンズー教・ユダヤ教・シーク教・ゾロアスター教・ジャイナ教・バハイ教、その他の諸宗教を網羅《もうら》し、参加者は三百名を越える盛況でした。
近年、わが国でも数々の国際会議が開かれますが、この会議は、その中でも大きな規模に属するものでした。いや、その数を云々《うんぬん》するよりは、あるいは右の肩をあらわにした黄衣を着け、あるいは墨染めの衣に数珠《じゅず》を持ち、あるいは黒衣の胸に十字架を下げ、あるいは白いターバンや華《はな》やかなサリーなど……その服装が象徴しているように、さまざまな違った宗教の人たちが、同じホテルに泊まり、同じ食堂で食事をし、同じ目的のために話し合ったということは、まさしく世紀の偉観であったといえましょう。

共にここにいることが奇跡

会議五日目の十月二十日、演壇に立ったヘルダー・カマラ大司教（南米の偉大な宗教指導者で、ノーベル平和賞の候補にものぼった）は、開口一番、こう言われました。「いま、わたくしたちがここにいるという、この重要な事実は、主が成し遂げたもうた奇跡であります」と。

それは偉大な日であった

また、二十一日、閉会式も終わり、そのあとの実行委員会が深夜まで続いて解散したとき、グリーリー博士はわたしに向かって、「今日は偉大な日でしたね。

いや、もう午前零時を回ったから、昨日は偉大な日でしたねと申し上げましょう」と、ユーモラスな表現ながら、シミジミした口調で言われました。

この二つの言葉は、数万言にも勝《まさ》ってこの会議の意義と成果を言い表わしていると思います。われわれは互いに宗教者らしい謙虚さを保ちながらも、熱意をこめて、平和の問題について話し合いました。ときには激しい意見の応酬もありました。厳しい国情を背景に持つ代表たちは、戦争・飢餓・人種差別など、あらゆる人類の悲劇をなまなましく訴えました。そして最後に、「宗教者は、お互い手を握り合って、平和のためにあらゆる努力を払わねばならぬ」という、魂の底からの合意に達したのでした。

平和とは、たんに戦争がないという状態をいうのではない。貧困・飢餓の苦しみや、人間としての基本的な自由を抑圧される苦しみを地球上から一掃したときに初めて、人類に平和が訪れるのである――という見解に立って、この会議は「非武装」「開発」「人権」の三つをテーマにしました。そして、全体会議のほかに、この三つのテーマについての研究部会を持ち、それぞれ熱心な討議を重ねたのでした。

その全貌《ぜんぼう》については、いずれ会議事務局によって一冊の書籍にまとめられ、刊行されることになっていますので、特に関心の深い人は、それを読んでいただきたいと思います。ともあれ、種子は蒔《ま》かれました。そして、その種子を、いかに発芽させるべきかという、とりあえずの具体的な計画が練られ、十月二十一日の全体会議で可決されました。その計画は次のようなものです。

1　京都で始められた仕事を、今後は名称を「平和のための世界宗教会議」と改め、世界諸宗教機関の形で継続する。

2　国際事務局を設置する。

3　あらゆる紛争を武力によらず、平和裏に解決する上で役立つ世論形成のふんい気を造るために、国家的・地域的・国際的なレベルで、会議・ゼミナール・研究会を開く。

4　国連や他の国際会議に諸宗教統一代表を出席させる。

5　平和に関する宗教間の討議を、科学的方法で行なう努力を続ける。

青年のみによる会議の提案

ベトナム調査団を送る

なお、次の「平和のための世界宗教会議」は三年以内に開くよう努力することが決定し、別に、十月二十日に招集された青年集会は、京都会議最終日の全体会議に、青年たちのみによる「平和のための世界宗教会議」が開かれるべきであると提案して、そのための五名の実行委員が選出されました。また、今会期中、新しく選出された実行委員会は、国連本部前のビルに常設機関を設置することと、ベトナムに宗教者代表の調査団を送ることを決めました。

この決議はさっそく実行され、同年十二月十八日から二十四日までの七日間にわたり、調査団五名が南ベトナムへ派遣されました。一行は、日宗連国際問題委員会委員の三宅歳雄《としお》師、同じく委員で学習院大学教授の飯坂良明《よしあき》氏、それに団長として不肖わたし（日宗連国際問題委員会委員長）と随行二人、計五名でした。これは、京都会議がたんなるお祭りではなく、打ち上げ花火でもないことを実証する、最初の具体的行動でした。

一行に与えられた使命は、京都会議の精神を踏まえて、日本の宗教者が一丸となってベトナムの平和と、ベトナム人の福祉に貢献するために、その活動の予備段階としての調査をすることでした。わたしたちは、サイゴンとユエを中心にしてかなりの奥地にまで分け入り、仏教徒・カトリック教徒・カオダイ教徒・ホアハオ教徒など、ベトナムのすべての宗派の代表と親しく懇談し、また、南ベトナム政府の外務省や日本大使館なども訪れて、意見を交換しました。そのほか、各地における直接の見聞が、ベトナム問題のむずかしさを肌《はだ》で感じさせてくれました。

南北に二分されたベトナム、さらに南ベトナムには政府側と反政府側の対立があり、一国の民衆がバラバラに分断され、その混乱と対立は宗教者にも及んでいました。仏教徒もアンクアン寺派と国寺派の二派に分かれていて、両派が協力して平和への努力をしたら……という提言に対しても、どちらも「ナンセンス」の一言で片づけるというありさまでした。

至難だからこそやらなくてはならない

宗教協力のむずかしさは、これまでずいぶん味わってきたのですが、現在のベトナムでは、まったく至難であると痛感しました。しかし、至難だからこそ、どうしてもやらなくてはならない。わたしたちは京都でそれをやったのです。そして一つ心になることができました。あなた方も、なんとかして一つに団結していただきたい……と、わたしたちは強く訴えました。

アンクアン寺派のチェン・ミン師などの口ぶりのなかに、「アメリカが国寺派の人たちを特別に応援することをやめてくれたら……」というような気持ちを強く感じ取りました。背後にある政治権力が宗教を左右している実情を、ハッキリと知ることができました。

権力者が自己を主張している間に民衆は死んでいく

これは、ベトナム戦争全体についても言えることだと思います。背後にあってベトナム人同士を殺し合わさせている勢力は、この際、面子《めんつ》などは打ち捨てて一切手を引くべきです。もはや「こっちが正しい」「いや、正義はこちらにある」などと言い合っている段階ではありません。言い合っているうちにも、無辜《むこ》の民衆がバタバタと死んでいくのです。

もはや正義やイデオロギーを云々《うんぬん》するときではない。人類愛という、もう一つ上の次元に立って事を解決する方法へ向かわねばならないのです。大宇宙の中における地球は、蚊《か》の目玉ほどの微小な存在です。その蚊の目玉の表面で、ここは、おれの領分だとか、こんな政治体制は不倶戴天《ふぐたいてん》（同じ天の下に住みたくない）の敵だなどといって争い合い、殺し合っているのは、もともとおかしいことではありませんか。小さな蚊の目玉の上に一緒に住んでいるからには、せめて仲よく、楽しくやっていったらいいのではないでしょうか。

宇宙的視野に立って見よう

こういう宇宙的視野に立って人間を見るのが、宗教にほかなりません。ですから、ベトナム戦争を解決するためには、当事者と関係国すべてが、こういうものの見方に頭を切り替えねばならないと、わたしはベトナム視察の旅によってつくづくと痛感したのでした。

蒔《ま》かれた種子の胎動は、いよいよ活発になりつつあります。四十六年に入って、四月にはインドのニューデリーで「平和のための世界宗教会議」の役員会が開かれ、東パキスタン問題の平和的な解決を要請する声明文を採択し、国連に各宗教の代表を派遣して平和活動を側面から促進するなどの決議をして、世界平和の実現にさらなる一歩を踏み出したのでした。

会議終了後のパーティーで、京都会議に出席したインドの宗教者がつぎつぎに立って、あの会議はすばらしかった、日本では宗教が生きている、日本側の努力に感謝する――というような言葉が熱っぽく述べられました。それは、たんなる社交的な挨拶ではなく、それらの言葉のなかに、平和への努力と宗教協力への実践が真剣に進められていることがうかがわれ、たいへん感銘しました。

京都会議以後の活動

それでは、京都会議以後の実際活動について、もう少し詳しくおうかがいしたいと思います。

京都会議に関しましては、いま、お話ししたとおりですが、とくに、この会議に対して宗教の万博とか、宗教のオリンピックといった多少揶揄《やゆ》めいた批評もありましたし、まさしく宗教の国際連合である——と評して下さった方もあります。その表現はどうであれ、ともかくも、あらゆる宗教、あらゆる国々から、できるだけ多くの宗教者が集まったことを、わたしは数の上で誇る気持ちは毛頭ありませんが、それが偏っていなかったことに喜びを覚えているのは事実です。

宗派、国境のカベをこえて参集

というのは、従来の宗教者による平和活動や大会は、ともすれば一宗だけに固まったものであったり、米ソ両陣営のいずれか一方に偏したものであることが多かったのですが、京都会議では、平和の名の下に宗派・国境の壁をのりこえて世界の宗教者が参集しえたからです。

すでに昨年四月に開かれたニューデリーでの世界会議実行委員会、そして十一月、ニューヨークでの委員会においても、いちばん議論の沸騰《ふっとう》した問題は、東パキスタンの問題でした。インドとパキスタンの両政府が互いに自己の正当性を主張し、非難し合っていたときでもあり、一触即発の緊張が続いているときでしたから、世界会議のわたしどもの委員会もそれを反映し、厳しいものがありました。

会議には西パキスタンからマフムド・フセイン教授（カラチ大学教授）、インドからはゴーパル・シン大使（駐ブルガリア）も出席されておりましたが、きわめて冷静にバングラデシュについて語り合い、西パキスタン大統領と国連あてに決議文が採択されたことなどは、宗教者の会議なればこそ可能であったとわたしは思うのです。

これが、もし国連や政治段階での国際会議であったならば、当然、インド側か、または西パキスタン側の代表者が退席してもやむをえない状態であったでしょう。それが、祈りに始まり、祈りをもって閉じる宗教者の会議、とくに全人類的な次元での愛を目指す宗教者の会議であったからこそできたのだと思うのです。

ここで一言申し添えておきたいのは、東パキスタンに関する決議文を作成する際にも、わたしどもは、たんなるニュースだけで軽率な判断を下しているわけではないということです。対立する両国の宗教者からフランクに意見をうかがい、さらには、カラチ、ダッカ、カルカッタの難民収容所をつぶさに調査した上で、決議文をまとめていることを付け加えておきたいと思います。それにもかかわらず、インドとパキスタンはついに全面的な戦争状態に突入したわけです。

インドでは、直接、ギリ大統領にお会いし、ニューヨークでは窮状を訴えるガンジー首相のこともうかがいました。そして、わたしどもは国連にも早急に手を打つように要請いたしました。「それにもかかわらず、戦争になったではないか。だから平和運動といっても、しょせん国と国とのエゴイズムの前には無力なのだ」という人もおります。

しかし、わたしどもは、国連の大国エゴイズム支配を除去し、国連の真の機能を高めるよう、今後も望みを捨てずに支持してゆきたいものです。

わたしどもは、印パ戦争の始まるすでに半年以上も前から、東パキスタンの難民救済を叫び、当時の愛知揆《き》一《いち》外務大臣にもお会いして、救済をお願いしていました。

東南アジアの国々に組織的援助を

その後間もなく、日本政府から九億円に上る古々米が東パキスタンに送られてはおりますが、とにかく経済的利害とかイデオロギーなどよりも、実際に飢えに泣く難民の苦しさを肌《はだ》に感じて敏速に動ける国連にしたいものです。

また、ベトナムの救済問題で論議をしていましたときに、わたしが「まずアメリカ軍の撤退こそ先決である」と発言をいたしましたところ、即座にアメリカ側の宗教者から賛成の意思表示がなされ、ニクソン大統領あての要請文が採択された経緯《けいい》などをみますと、ほんとうに心を一つにした宗教者の集まりなればこそ可能なのだ、という感慨をおぼえると同時に、宗教者は、もっともっと真剣になって平和のために立ち上がらなければならないことを、わたしは日本をも含めて世界中の宗教者に声を大にして叫ばずにはいられません。

次に、平和の条件である「非武装」「人権」「開発」については、わたしどもの「平和のための世界宗教会議」事務局が、真剣に活動を進めております。

一九七〇年に、わたしどもが推し進めたベトナム調査およびジャック事務総長が翌年四月に行ないました調査をもとに、今後ベトナムのみならずカンボジア、ラオスといった、いわゆるインドシナ半島の国々をはじめ、その他の東南アジアの国々に対して、組織的な援助を立正佼成会として行なう予定です。

従来は、宗教の行なう援助と申しますと、とかくチャリティ（慈善）といった物だけの恵みとか、戦火の跡始末が中心でしたが、今後は独立自尊の精神を植えつけ、農業開発に力を入れなければならないと思います。

見聞するところでは、援助物資と申しましても売名的なものもなかにはありますし、ただ物資を送りつけるだけで、現地の人びとが真に望んでいるものが送られていなかったり、手渡されるべき、ほんとうに困った人たちには品物が届かず、それが横流しされている場合もあります。せっかく、日本から送られながら、実際には使えないために雨ざらしになっている大量の蚊帳《かや》の山などもあると聞きます。

一九七〇年に、わたしがベトナムを訪れたときには、そういう手ぬかりがあってはならないというので、南ベトナム解放軍の支配下にあるという地域まではいりこみ、現地の農民に直接、物資を配ったこともあります。携行しました物資は、ごく些少《さしょう》なものではありましたが、ほんとうに困った人たちに直接渡すという、心の触れ合いと励ましこそが大切なのであって、物資の数量ではないことを、如実に体験しております。

とにかく、立正佼成会といたしましても、ここ当分の間は従来どおり救援物資を送りはいたしますが、それにとどまらず、有為の人材を養成して自立を助ける必要性から、カンボジアの医師ならびに看護婦を佼成病院および看護学院に招いて面倒をみる手はずも、すでに整っております。さらに、工業技術習得希望者を、佼成会員宅に数年の間お世話いただいて育てることも計画しております。また、佼成会青年部の熱意ある青年を、ベトナム、カンボジアに本会が確保している各地へ派遣し模範農場を建設してもらうことも考えております。これらの一連の計画のためには、開発途上国の困窮民衆救済と文化交流の促進を主な目的とする「開発途上国協力委員会」を本会のなかに設け、積極的に取り組んでおります。

また、京都の世界会議でまとめました開発決議文は、すでに国連に提出され、

第三回国連貿易開発会議の参考資料とされておりますし、人権問題については、とくにアパルトヘイト（有色人種差別）の激しい南ア連邦の大統領に対して査察の必要を要請した決議文を送付しております。このように平和を阻害する問題に対し、着々と取り組んでいるわけです。

第七章　会員は何をすべきか

再軍備への反対運動

余計な心配といわれるかもしれませんが、今後、もしも国民経済に圧迫を与えながら再軍備が行なわれるようなことがあった場合、宗教者として、どのような反対運動が考えられるでしょうか。

いや、余計な心配ではありません。先ごろアメリカの評論家ジャック・アンダーソン氏は、ホワイトハウスの秘密資料を公表し、〝日本は、究極的には独自の核戦力をもつようになる〟と、アメリカ政府も予測していることを明らかにしています。

ここで、いま一度、平和友好の中でしか日本は生きていけないということを、

平和友好の中でしか日本は生きられぬ

わたしたちは自覚すべきだと思います。すでにご承知のとおり、日本はその資源のほとんどを海外に依存し、加工貿易だけで生きているのですから、これはもう、世界中の国々と仲よくして資源を調達していかなければ、どうにもならない立場の国なのです。ですから、日本人にとって世界の平和という問題は、たんに理想とか、原爆の唯一の被災国だからとか、平和憲法の建て前上といった理由からだけではなく、まったく一国の死活の問題であって、日本が生きていく上に不可欠の条件ともいえるものなのです。

昨年、わたしは、ユニテリアンのハリントン博士（ニューヨークのコミュニティ・チャーチの指導者で、活発な平和運動を行なっている）と話し合いをしたのですが、そのとき同博士は「繁栄している日本を旅すると、お金の使い方が日本とアメリカではずいぶん違うことがわかる。これがアメリカなら爆撃機や潜水艦に使われているだろうと思うものが、日本では平和に使われている。ほんとうに非武装というものがどんなに素晴しいものかを、アメリカの軍備拡張論者に見せてやりたい」と言われたのが忘れられません。

世間には、軍縮を叫んでも不可能だといったことを言う人もいますが、少なくとも世界の為政者で、いまどき軍備拡張を大声で、平気で言える人は一人もいないと思います。つまり、そんなことを言ったら、その国民をはじめ各国から批判されて、自分の立場が危うくなってしまいます。ですから、軍備拡張ではなく、軍縮のほうに賛意を表さなければならない時代になっているのです。わたしは、それだけでも時代の進歩だと思います。

そのような時代に、日本が再軍備に血眼になるとしたら、時代錯誤《さくご》もはなはだしいといわなければなりません。それにしても、さきほどのアンダーソン氏の公表を見るにつけても、わたしどもは気を許してはならないと思います。

良心的兵役拒否

たとえば徴兵制度が実施されるといった場合、もちろん、法制局長官も〝現憲法では徴兵制はとれない〟という見解を示しているようですから大丈夫とは思いますが、もし、そのような事態にまでエスカレートする場合には、断固として良心的な兵役拒否にふみきることも考えられます。

現在、共産主義国では、東ドイツを除いて完全な徴兵制をとっていますが、自

平和の活動は信仰と別ものではない

由主義諸国では、だんだん徴兵制を廃止する傾向を示しているようです。それどころか、良心的な兵役拒否が、アメリカ、イギリス、フランス、西ドイツを初めとする十五の国々で法的に認められていると聞いています。良心的な兵役拒否が法制化されているとはいいましても、祖国に対する忠誠の義務、国防協力の義務までが解除されているわけではありません。つまり、個人の宗教的信念に基づき、殺生とか暴力に直接関係する部署から外《はず》されて、不殺生や非暴力を守れる部門に回されるわけでしょう。わたしたちも、不殺生、非暴力のために兵役拒否、ひいては再軍備反対、そして戦争反対の声を上げたいものです。

ところで、公害問題にしても、平和運動にしても、それらに対する活動というものは、けっして信仰と別のものではありません。たとえば、今日は信仰をする日、明日は平和運動をする日というように、別々のものではないということです。わたしと親交のあるブラジルのカマラ大司教、アメリカのラルフ・アバーナシー師などは、実に積極的な平和運動を展開されております。最近では日本のキリスト教界でも、社会活動即福音の宣教、福音の宣教即社会活動でなければならない、という声が上がっているとも聞いています。言うは易く、行なうは難《かた》いことですが、そのような自覚がなければ、他の一連の〝なんでも反対〟の運動と変わらなくなってしまうことを、しっかりと弁《わきま》えておきたいものです。

人類の倫理学を

いま良心的な兵役拒否という強い態度をお聞かせ頂いたわけですが、それ以外に宗教者として必要なことは、どんなことでしょうか。

政治的に保障される世界平和を

何度も申しますように、世界平和は美しい言葉や威勢のいいシュプレヒコールだけでは達成されません。近ごろの人たちは、平和という言葉を聞き飽《あ》きているのでしょう。平和について語っても、さして熱意と反応を示さないほど、これに対して食傷気味だといっても過言ではないと思います。その意味から、わたしどもが世界平和という場合には、たんに戦争のない状態とか、ばく然とした極楽浄土といったあいまいなものではなく、ハッキリと政治的に保障されうる世界平和を課題として語る必要がありましょう。

それとともに、宗教者であるわたしたちは、あくまでも魂の平和と自分たちの周囲の平和をいかにして築くか、ということ——これこそが世界平和運動の根本になるのだ、という信念を失ってはなりません。この、人間の内なる平和を忘却して形の上の機構だけをいかに論じ合っても真の福音にはけっしてなりえないのです。

政治的に保障される世界平和を築くための努力とは、いうまでもなくテクニックの問題が中心になりましょうが、そのテクニックを裏づける新しい倫理学ともいうべきものを確立することも、これからの宗教者の課題であろうと思います。なぜならば、Aの国にとって英雄と崇拝される人物が、Bの国では悪魔であり侵略者とみなされている場合が、しばしばあります。また、過去の戦争の動機について語られる教科書でも、Aの国で侵略に対する正当な防衛であったと説明されている戦争が、相手のB国では自国を守る正義の戦いとして語られているというような矛盾を、今後、どのように調整していくか。あるいはまた、核武装こそ自国の国民や正義を守る何よりも頼りがいのある手段だという説き方を、どう除去していけばいいのか……。こうした問題について、人類全体の次元で語り合える宗教者が、具体的にどうしていけばよいのかを示し、それを国連などにどう反映させていくかといった、人類のための新しい倫理を打ち立てることも極めて大事な仕事であると思います。

その点で、聖徳太子が「わが是とするところは彼の非とするところなり。彼の是とするところは、わが非とするところなり。われ必ずしも聖にあらず。彼必ずしも愚に非ず。共にこれ凡夫のみ」と申されているのは、まったくの卓見であると思うのです。わたしたち人間は、自分だけの、小さく、狭い場というかイデオロギーだけに固執しないで、全人類の平和のための法秩序を尺度として、すべての人たち、すべての国々が動こうとする機運を造り出す必要があると思います。

非暴力と不服従

戦争に対する宗教者の抵抗運動の根本理念は、非暴力ということだと思いますが、これに関して、ガンジーの非暴力・不服従の抵抗運動について、お考えをうかがいたいと思います。

そのような質問があるということは、つまり、ガンジーの非暴力・不服従という抵抗運動では力にならない、という考えがあるからではないでしょうか。そうした質問を、とくに青年諸君から、よく受けることがあります。まして現今のようにゲバルトの風潮が強い時代には、ガンジーの非暴力主義では権力者を打倒するのに効果がない、という声も、わたしはよく聞きます。

一説によりますと、ガンジーの唱導したやり方は結局のところ民衆蜂起《ほうき》を抑えて、イギリスのインド植民地支配を長びかせることにしかならなかったのではないか、とも批判されています。さらに、インドが自らの主権を回復した最大の理由は、第二次大戦後にインドの各地で続発した不穏な暴力闘争であって、その点では、ガンジーの最も排斥した暴力によってインドは独立しえたのだ、ともいわれています。

しかし、ガンジーの勇気ある行為、インドを愛する心、当時のインド民衆に与えた励まし、偉大な影響力は、だれも否定することはできません。むしろ、ガンジーが短兵急に劣勢の武器をもって暴力主義に走っていたならば、多くの民衆の血が流されたでしょうし、独立運動もまた徹底的に弾圧されていたでしょう。

ところで、当時のインドに比べ現在の日本は、教育の程度においても、経済の程度においても、言論の自由さにおいても、まったく事情が異なります。とくに日本は議会制民主主義の国です。

為政者だけが絶対の権力をもっていた昔のことならいざ知らず、いまは国民主権ということで、国民によって政治家が選ばれる仕組みになっています。よく

〝民主主義国家では、国民はその程度に応じた政府しか持ちえない〟といわれますが、たとえ、いかに為政者だけが交替しても、それを選ぶ国民の資質が向上しなければ、政治の進歩もないわけでしょう。だからこそ、国民皆信仰による国民全体の向上が何よりも大切になるわけです。

もちろん、国民皆信仰といっても、国民全部を佼成会員にしようということではありません。自分が良いと思った信仰によって、個々人の心が美しくならなければ社会もまた美しくならないということなのです。それでこそ国土成仏ということも可能になってくるわけです。

暴力的な革命に頼っていては、国土成仏どころか破壊だけしか残らないことになってしまいます。

非暴力主義こそ大切な行き方

そうした意味からいっても、ガンジーの非暴力主義こそ今日の日本でも最も大切な行き方であると、わたしは信じています。さらに、わたしたちがガンジーから学ばなければならないことは、ガンジーが信念のためにはノン・オビィディエンス（不服従）だったということです。どんな迫害にもノン・オビィディエンス

宗教者はよい意味の圧力団体に

だったということです。このような勇気は、武器をもって戦う以上に大変な努力を必要としますし、はるかに高く、貴い勇気といえるのではないでしょうか。もし、立正佼成会四百万人の会員が、このような信念に基づく勇気をもって立ち上がったならば、日本を平和に導くための安定勢力として大きな貢献をなしうると、わたしは思うのですが、いかがでしょう。

それから、いま一つ、従来の日本における政治は、財界とか経済界とか、特種団体の圧力によって動いてきたともいえるのですが、これからは宗教者が良い意味でのプレッシャー・グループ（圧力団体）になるべきだと思うのです。真のナショナル・インタレスト（国際社会での国家利益）というものは、宗教者がいちばん利害を超越して理解できるのですから、当然のことではないでしょうか。宗教者がプレッシャー・グループになるべきだという表現に抵抗があるならば、少なくとも政治家は宗教者の声にも謙虚に耳を傾けるようにしなければなりません。

つまり、利害からではなく〝人間〟としての宗教者の発言が大切だと思うのです。

縁起の法則に立って世論喚起

再軍備に膨大な金を費やすべきではないということはわかります。しかし、世界の現状を見ると、いまだに局地的な紛争、あるいは代理戦争といったものが起こっています。ときには正義を守るために戦わざるをえない、という議論については、どう考えるべきでしょうか。

たしかに核戦争ができないということになれば、ほかの形の戦争、つまり小国を手先に使って戦わせる代理戦争の可能性が強くなりますから、これを、どう抑えていくかが、これからの大きな課題だと思います。核を使わない戦争のほうが起こり易いし、また、その可能性が多分にあるわけですから、こちらのほうを真剣に考えなければならないでしょう。

聞くところによると、今後二、三十年も経ちますと一般兵器がいちじるしい発達を遂げて、もはや核兵器との差がなくなってしまうだろうということですから、局地戦争、代理戦争ぐらいは仕方がないなどと言っていられなくなるわけです。したがって、早晩、宗教者は国別の武器保持と使用に対して反対しなければならなくなると思います。

軍備増強には無条件で反対を

従来は、ともすると、正義を守るためには核兵器の使用は人道に反するけれども、通常兵器は使ってもいい――といった甘い解釈が通用しましたが、それでは通らない時代が来つつあることを念頭に入れておかなければならないでしょう。ですから、近い将来、宗教者は軍備の増強に対しては無条件に反対しなければならなくなると思います。

相手の核システム（装備）がかなり進んでいるらしいから、それに対抗してこちらはもっと進んだものを造らなければ大変だ、という被害妄想《もうそう》から脱却して、このへんでいたちごっこの軍備拡張競争の愚かさを徹底して知るべきです。

仏教の根本教義といわれるものは、いうまでもなく縁起の法則です。縁に因《よ》って起こるとは、すなわち一切のものは必ず〝条件によって生起する〟ということです。逆にいえば、突如というか偶然というか、無条件に発生するものは何一つない、ということでしょう。一切のものは必ず関係し合って発生し、存在するのであって、あるものが他とまったく無関係に突然生まれ、他とまったく孤立してあるなどということはありえないということです。釈尊は、このことを悟られたわけですが、それがあまりにも平凡であり、簡単な言葉であるために、人びとの多くはこの縁起の法則にそれほど重大な価値を感じていないといえましょう。二千五百余年前の釈尊の弟子たちも、やはりそれは理解し難いものであったのでしょう。増谷文雄《ぶんゆう》博士の『智慧《ちえ》と愛のことば・阿含経《あごんきょう》』（筑摩書房）には、次のように記《しる》されております。

コッティカ（拘絺羅）という弟子もまた、その考え方、つまり縁起の法則がどうしても把握《はあく》できず、友のサーリプッタ（舎利弗）に質問しております。

「友サーリプッタよ。それは、いったい、どう理解したらよいものだろうか」

それに答えてサーリプッタは、一つの譬諭《ひゆ》をもって、つぎのように説明しました。

「友よ。たとえば、ここに、二つの葦束《あしたば》があるとしよう。それらの葦束は、相依《よ》っている時には、立っていることができる。それと同じように、これがあることによって、かれがあるのであり、かれがあるから、これがあるのである。だが、もし、その二つの葦束のうち、一つの葦束を取り去れば、他の葦束もまた倒れるであろう。それと同じく、これがなければ、かれもないのであり、かれがなければ、これもまたありえないのである」

ここに紹介しました「これがあることによって、かれがあるのであり、かれがあるから、これがあるのである。（中略）これがなければ、かれもないのであり、かれがなければ、これもまた、ありえない」ということこそ、縁起に関するもっとも簡潔な説明ということができましょう。このことを今日の愚かな軍備拡

これがあるから
かれがある

張競争に当てはめると、よくわかって頂けると思います。愚かな軍備拡張競争と申したのは、いうまでもなく、人類には貧困、飢餓、公害、開発など幾多の解決を要する問題が山積みしているにもかかわらず、生命の尊重にはなんの役にも立たない軍備に狂奔しているから〝愚かな〟と言ったのです。相手が強力な弾道弾迎撃ミサイルを造っているらしいから、こちらも、より優秀なものを造らなければならないということは、つまり、釈尊の申された〝これがあるから、かれがあり、かれがあるから、これがある〟ということです。

また、交渉中のＳＡＬＴ（米ソ戦略兵器制限交渉）および、西ドイツがソ連、ポーランドとの間に調印した武力不行使条約やベルリン協定の仮調印などにみられる緊張緩和によって東西欧州の兵力を削減しようとする動きが、ＮＡＴＯ（北大西洋条約機構）を中心にしてソ連側に打診されているというニュースは、釈尊の〝かれがなければ、これもない〟という縁起の参考例ではないでしょうか。

逆に、ニクソン訪中と中国の国連加盟、さらには南北朝鮮の赤十字会談といった諸情勢の好転によって、前述した四次防実施のための膨大な予算は大幅に削減されるべきだといわれるのに、それを無理に押し通そうとする政府のやり方は、〝かれがなければ、これもない〟という縁起の法則の逆をいくものといえましょう。

まず自己を正してから他人を教化

もちろん、完全非武装、軍備なき世界の創造は最終目標ではありますが、自分の国は軍備を増強していながら、よその国には軍備を減らせというのは、自分かってな言い方です。いままで軍縮が叫ばれながら、それがいっこうに実現されないのは、自分を正さないで、他の人にだけ正せ、正せ——と言っているからで、これでは教化力がありません。やはり、自分のところもこのように軍備を減らしているのだから、あなたの国でも減らしなさいというのでなければなりません。これ以外に、わたしたちの最終目標である完全非武装の世界へ近づく道はないと、わたしは確信しているのです。

その意味から、戦争を放棄した日本の宗教者が、軍縮についても、非武装についても、いちばんものが言い易いわけで、それだけに、自分たちの国に再軍備論が白昼堂々とまかり通るような空気が充満することになっては困るのです。

とにかく、何千年ものあいだ、人類は問題が行き詰まると戦争で結着をつけるという習性を身につけてしまっているのですから、これを変えさせるためには、大変な努力が必要でしょうし、生半可な方法では変えられません。だからこそ「自分の国も軍備を減らしたのだから、あなたの国も減らしなさい」という以外には道はないのですが、自分のほうで減らした途端に、相手は減らすどころか攻撃してくるのではないかという不信の念がぬぐい切れないために、それに踏み切ることができないのが根本原因だと思うのです。ですから、世界中の宗教者が、まず平和の空気を醸成しなければなりませんし、そうした国際世論を大きく形成する必要があるのです。

何度もいうようですが、縁起の〝これがなければ、かれもないのである〟という法則を、自らが示さなければなりません。

その点、スイスが中立を維持できるのは、確固たる平和観（これがなければ、かれもないという……）と、上手な外交があるいっぽう、他の国々にスイスは他を攻撃する意図がないことを信じてもらう努力によって、スイスを侵略する気持ちをもたせないからだといえましょう。

スイスをめざすべきか

いまスイスのお話が出ましたが、スイスといえば永世中立の平和な国という印象を、だれもがもっています。日本もそのような国になるべきだといわれていますが、いかがでしょうか。

スイスといえば永世中立国、中立といえばスイスというくらいに、この国は平和な国というイメージを皆がもっていますが、今日にまでなるために、スイスは、たいへんな努力を払っているということを忘れてはなりません。

スイスは日本と同じように地下資源に恵まれた国ではありませんから、他国が食指をのばさないのだという人もありますが、東と西を結ぶ交通上の要地として、スイスは戦略上きわめて魅力のある土地です。現にヒットラーは、スイスを攻撃する考えをはっきりともっていました。ところが、オランダ、ベルギーは、あっというまにドイツ軍にやられたのに、スイスはなぜ攻撃されなかったのでしょうか。その理由として、いろいろなことが挙げられています。たとえばアルプスという天然の要塞《ようさい》があったからだともいわれていますが、当時のドイツ軍の戦力からすれば、アルプスぐらいはなんでもなかったと思われます。

また、スイスは国民皆兵でドイツ軍の攻撃意志を鈍らせたのだという意見もあります。しかし、国民皆兵ということは別の言葉で表現すれば素人の兵隊の集まりということですから、ドイツ軍としては問題にならない相手であったでしょう。それなのに、なぜスイスはドイツ軍の侵略を受けずにいられたのでしょうか。これは、たいへん興味のあるところです。

それはやはり、スイスの外交と中立に対する厳然とした態度にあったということができましょう。そのために、スイスはこの上ない苦労をしているのであって、けっして甘い中立の歴史ではなかったことを、わたしたちは知る必要があると思います。

周囲の国々からうける信頼が大切

聞くところによりますと、たとえば第二次大戦中、スイス上空をイギリス、アメリカの飛行機が侵犯したときにも、ドイツ機が侵入した場合にも、同様にスイスは戦闘機を飛ばし、対空砲火を撃ち上げ、その国の政府に抗議をしたそうです。また、アメリカやフランスから協力を要請されても、これを断わり、平等に対処したとも聞きます。こうした厳然とした態度には学ぶところが多いと思うのですが、いかがでしょう。

これに比べて、日本はどことも国境を接していない島国ですから、国境紛争のおそれがまずありません。そのかわり、石油の輸入がものの一ヵ月も止まってしまえば、生活・産業・経済等の動きがほとんどストップしてしまうのです。たちどころに日本は息ができなくなって、GNP（国民総生産）世界第二位などというものは消し飛んでしまう状態の国です。こういうことを考えますと、スイス以上に、日本人そのものに対する周囲の国々の信頼と、硬軟自在の自主外交がいかに重要であるかがわかると思うのです。

とくに日本は、島国だから国境紛争の心配がないとはいうものの、その代わり日本ほどいろいろ性質の異なる国々に囲まれている大変な国はないともいえるわけです。そうした中で、日本がこれから、アメリカ一辺倒から離れて独自の外交を平和友好裏にやっていこうというのですから、日本政府のみならず、国民そのものがしっかりした覚悟をもたなければいけないと思います。

〝信頼される国〟に

いま申されましたように、日本はいろいろな性質の異なる国々に囲まれた国ですが、その周囲の国々から、たいへん厳しいというか、警戒の目で見られています。これについてのお考えをお聞かせいただきたいと思います。

お尋ねのように、たしかに諸国民から、平和よりも軍国主義化しつつある日本とか、エコノミック・アニマルの日本人とかと、だんだん信頼を失いつつあるのが現実の状態のようですね。核保有国であるイギリスやフランスが軍国主義の国だと攻撃されるのならばともかく、戦争放棄をうたった憲法をもつ日本が非難されるというのは、まことに心外な話です。軍事費を極めて多く使っているソ連や中国から、逆に帝国主義の日本——といわれるのは矛盾した話で、それは牽制《けんせい》の意味も含んでのことではありましょうが、とにかく、日本がそのように危険視されているということは、よほど考えてみる必要があろうかと思います。

それは、あの悲惨な敗戦からわずか二十数年にして、めざましい復興を遂げ、なおかつ世界経済のトップに迫ろうとしている日本人の、ものすごいエネルギーに対する驚嘆が言わせるのかもしれません。しかし、西ドイツではなく、とくに日本が諸国から疑念をもたれるということは、自衛隊ができて以後、日本政府のとってきた態度が、あまりにも曖昧《あいまい》のうちに防衛力の漸増を図ってきたのが一因ともいえましょう。そのために、この分ではいつの日か経済大国から軍事大国へ急変するのではないかという不安を懐かせるのか、あるいはまた、日本人そのものが信用されない行動をとっているのかの、いずれかでしょう。これは、わたしども日本人として、まことに由々《ゆゆ》しい大問題といわねばなりません。

少し話が変わりますが、過日、テレビをみておりましたところ、北欧諸国ではホームレスのような生活をしている日本人青年が多くなっている、ということが報道されていました。

ホームレスのようなといっても、これが、たんにヒッピーのようなものであれば、それはそれで流行ということで大した問題ではないのですが、その日本人たちが、強盗、暴行といった事件をひきおこすケースが多く、秘密裏に日本に強制送還されているというのです。なんともはや嘆かわしいことです。

このあいだニューヨークで聞いたことですが、アメリカ留学に憧《あこが》れてやってくる日本の若者は、たいへんな数にのぼるけれども、大学に入って最後まで真剣にがんばって卒業する者は、極めて稀《まれ》だということをうかがいました。したがって、学校にも行かずに、警察の目をごまかしながらアルバイトをしてブラブラ生活している者が多いということでした。数年前に、トルコのイスタンブールへ行ったときにも、麻薬中毒の若い日本女性が警察のお世話になっているということを聞きましたが、こうしたことも日本人評価のマイナス原因になっているかもしれません。

インドネシアには、わたしどもと一緒に平和運動をしている国会議員のゲドン・B・オーカ夫人という立派な方がおられます。また、昨年、国連議長マリク氏などともお会いしたことがありますが、たいへん明るい紳士です。インドネシアといいますと、とかく南方の小さな国といった程度のイメージしかもちあわせていないかもしれませんが、ずいぶんと立派な人たちが世界の場で活躍しています。

インドネシア人がインドネシアから出国する場合には、〝この人物なら外国へ行っても国の名誉を傷つけない〟というおメガネにかなった人しか許可されないということを、何かで読んだ記憶があります。まことに良い方法であると思います。とくに現在の日本のように、ドルが余っているというので、だれかれかまわず外国旅行を許可するというのも、あるいは考えものかもしれません。松下幸之助さんは「これからの日本は経済大国を目指すのではなく、精神大国にならねばならぬ」と言われましたが、大国という言葉さえ驕《おご》りだというのならば、「小国なりとも、信頼される政府と誠実な国民によって成っている日本」といわれるような国にしたいものです。

話がいささか横道にそれた感じがするかもしれませんが、たとえばゴルフや碁・将棋にしましても、ハンディキャップというものがあります。それによって、どんなに腕前の違う人同士でも楽しく試合ができるようになっているわけです。千メートルのランニング競走でいうならば、実力者は正規のスタート・ラインから走りますが、実力のない者は、それより二百メートルも先から走りだすようなものです。それで、ちょうど五分と五分の面白い試合がゴール前で展開されることになるわけです。碁でいえば、じょうずな人に対して何目かを置くということでしょう。

戦後の日本の経済も、そうしたハンディキャップをつけてもらったお陰で――つまり保護貿易とか為替《かわせ》レートの面などで守られてきたため――今日のような成長を遂げられたわけです。敗戦後の西ドイツも同様だったわけですが、だんだんと立ち直るにしたがって、西ドイツは貿易・資本取引を自由化し、マルクの切り上げを行なって世界経済に歩調を合わせてきています。つまりハンディを上げてきているわけです。さきほどの千メートルのランニングでいえば、西ドイツは実力がつくにしたがって、皆と同じスタートラインから走りだすようになってきているわけですが、日本の場合は、だいぶ実力がついてきたにもかかわらず、依然として差をつけてもらっていたといえましょう。これではランニングにしても、ゴルフにしても、試合をすれば日本が有利なのは当然です。したがって一緒に試合をする人たちは、不公平だからハンディを上げて同じ条件にすべきである、つまり円レートなども切り上げるべきだとなったわけです。そうでないと日本だけが、いつも試合で優勝カップをさらっていくことになりますから、相手かたからすれば面白くないのは当然です。これを続ければ仲間からずるい奴だ、ときらわれて、集まりにさえ呼んでもらえないことになってしまいます。現に、スウェーデンあたりの学者で「日本は国際社会のルールを知らなすぎる」ときめつけた人もいるくらいですから、十分に心しないと、他の国々から日本製品を締め出されてしまうといった仕打ちを受けることにもなりかねません。

もちろん、加工立国の日本である以上、貿易による収支が十分になければ国の発展はありえませんが、やはり、ハンディキャップを正しくし、フェアに試合をすることが必要な時代になっていることを認めなくてはなりません。そうしませんと、日本経済界の心ある人たちも言われているように「ただ儲《もう》けることばかりを考えるのではなく、ここらで日本に対する警戒心を和らげておかないと、いまに日本は世界中から毛嫌《けぎら》いされ、軽蔑《けいべつ》されて世界の孤児になってしまう」ことになりかねません。

日本の平和は日本だけでかなうものではない

日本の繁栄といい、平和といっても、もはや日本だけでかなうものではありません。もっと世界中の国々から信頼されるようにならなければならぬのです。

そのためには周辺のアジアの国々に対しての援助に力を入れて共栄していく態

度が大事だと思います。昭和四十五年度、わが国が東南アジア諸国に行なった援助額は六千五百五十二億円の多額に上っているのは、まことに喜ばしいことですが、いっぽう、開発途上国に対しては威張りたがる日本人の態度が顰蹙《ひんしゆく》を買っているとも聞きます。せっかく布施をするからには、真に喜ばれる布施でなければなりませんし、そのためにも平和とか援助の見識をもっと養わなければならぬと思います。それでないと、援助をしながら嫌われる日本になってしまいます。

布教こそ平和運動

実際に平和のために活動されていますと、充実感と申しますか、ますます使命感を強く懐かれると思うのですが、そうした努力にもかかわらず印パ紛争のようなことが起こると悲観的になられることもあるかと思うのですが……。

おっしゃるとおり、たしかに、わたしども宗教者は、世界各地の平和を阻害する諸問題に対して関係当局に善処方を決議し、要請しております。昨年十一月にはニューヨークに滞在しておりましたが、近くアメリカがアラスカで地下核実験をするという報に接しましたので、ただちに世界宗教者平和会議の名の下に中止要請の決議文を作成して、ニクソン大統領に提出しました。しかし、アメリカは実験を強行してしまいました。しかし、それぐらいのことで自信を失ったり、平和は空しい夢だなどと悲観はしません。それで参って黙ってしまったら事態はもっと悪くなってしまうのです。ですから、わたしたち宗教者の正しい声をもっと大きくするために、ますます世界の宗教者に協力を求める必要があるのです。

たとえば、わたしたちは京都の国際会議で軍備なき世界の創造ということを一つのテーマにしました。だれでも、そうした世界になることに反対する人はないと思いますが、さて現実に印パ戦争などが起こりますと、しょせん無理な注文だということになり易いのです。それでも、なお、へこたれずに軍備のない世界をどのようにして創造していくかということを、皆が真剣になって考え、論じていくことです。そうすれば、少なくとも軍備拡張はできなくなってきますし、やがては、軍縮も現実の問題として扱われるときが必ずくるのです。

国連といいますと、多くの人びとはパワー・ポリティクス（力の外交）の場という先入感をもっています。現実に国際政治というものは、パワー（力）とくに兵力によって動かされている傾向が見られますが、それでも、教皇パウロ六世が国連で演説され、世界中の代表がその精神的指導者の声に耳を傾けたという事実は、国連がパワー・ポリティクス以上のものを志向している場所であることを証明したと、わたしは思うのです。

ですから宗教者は、軍縮よりも、さらに突っ込んで軍備のない世界を創造するんだ、というくらいのテーマと意気込みでやらなければいけないと思うのです。それが、たとえすぐに実現しなくても、情熱をもって説き続けていけば、軍備がなくては外交はできない、経済発展は望めないといった目先だけの論は、だんだんと消えていくのです。

会員の使命は布教の一語に尽きる

有史以来三千四百年経っていますが、そのうち戦争や紛争のなかった時代は、わずか二百年ぐらいしかなかったというのですから、人間の歴史は争いの歴史であり、極端にいえば、いかにして相手を斃《たお》すかということを考え続けた歴史ともいえるでしょう。したがって、この歴史を平和のそれに書き替えるためには、十年や二十年の、局部的な運動ではダメなのです。まず人類の一人びとりが武器に頼らずに、信じ合えるようになる努力を根気よく続けることが大切なのです。

それでは、とくに佼成会員の使命は何かと問われるならば、それは〝布教〟の一語に尽きましょう。たんに会員をふやすということではなく、文字どおり、平和の教えである仏法を多くの人びとに布《し》くということです。その理由は説明するまでもありません。人間の心を改めないかぎり、真の平和は絶対に実現できないのです。そして、人間の心を改めさせる最も大きな力は宗教なのです。ですから、わたしどもが信奉する釈尊の教えを世の多くの人びとに伝え、多くの人たちが釈尊の教えに帰依《きえ》する、いや帰依しなくても、心の一隅《いちぐう》に少しでもそれをとどめるようになったならば、平和への道は半ば達せられたも同然だと断言できましょう。

なぜならば、労働も、政治経済も、イデオロギーも、戦争も、結局は〝人間〟があって、はじめて発生するのですから、宗教は人間の言動の基本であり、前提となるべき、いちばん大切なものといえるのです。ですから、平和は特種な運動家の仕事ではなく、信仰者一人びとりの使命だという自覚を忘れないでほしいと思います。

平和は信仰者ひとりびとりの使命

一例を申しますと、日立教会に沼田雅道君という青年がおりますが、現在、日立セメント労働組合の書記長をしています。いままでは、どちらかといえば三つの職場がにらみ合いの状態だったそうですが、ご法の精神で常に全体の調和のために努力してきたために、職場がまとまってきたというのです。それから昨年の暮れの一時金闘争の際には、他の会社がみなストに突入したにもかかわらず、労使双方の協調を忘れないで努力した沼田君らの力で日立セメントの闘争は円満に解決し、要求額以上のアップをみたということです。このように、仏法を労働組合運動にも活《い》かすということが大切なのです。

とくに仏教では〝活かす〟ことを教えております。タバコ代やバス代にもならない十円の真心の布施でも、それが集まって東パキスタン難民の救済に活かされる。また、どんな悪条件も活かしていく。一滴の水も活かしていく。耳で聞いた仏教知識を現実生活に活かしていく。それが仏教なのです。釈尊は、法を活かして幸福になってもらいたいという切なる願いをもって教えを説かれたのだということを、わたしたち仏教徒は忘れてはならないでしょう。

明るい社会の建設

本会が今後も続ける活動として、明るい社会づくり運動がありますが、これはきわめて大切だと思われますので、重ねて、この問題についてお聞きしたいと思います。まず、会長先生は〝明るい社会〟といった場合、どのような社会を志向しておられるのでしょうか。

これからの企業はヒューマンな企業であってこそ繁栄するということを、この前に申し上げましたが、政府などの施策の面においても、そうしたヒューマンな、きめの細かい手の打ち方をして頂きたいものです。その意味で、以前、慶応大学の加藤寛《ひろし》教授と対談したときにうかがったスウェーデンの老人福祉について、ご紹介してみたいと思います。

老人ホームといいますと、わたしどもは即座に山の中や海辺の静かな場所を想像します。事実、いままでの老人ホームは、そのような場所に建てることが常識になっていましたし、老人たちだけで住んでいるのが通例でした。ところが、これではかえって年をとってしまうのではないか、という反省がおこり、近ごろのスウェーデンでは、街の通りに面して建て、それも壁を廃止し、大きなガラス張りにして街の呼吸を直接に感じるようにしたり、老人ホームを託児所の隣に建てるようにしているというのです。逆にいえば、託児所を老人ホームのわきに建てるといったほうが正しいかもしれません。とにかく老人ホームと託児所とは隣接しているわけです。このようにして、いままでは、することもなく、とかく生きがいを失いがちであった老人が、子どもたちの歌を聞き、ときには庭づたいに訪れて子どもたちと遊び、面倒をみることによって、なんともいえぬ喜びをもつようになったというのです。加えて、保母さんの手間が大いにはぶけるという利点もあるのだそうです。

年寄りの女性の自殺は日本が一番

わたしどもの聞いたところによりますと、スウェーデンは老人福祉が徹底しているために、恵まれすぎ、することがなく、かえって老人の自殺率は世界最高であるといわれておりました。しかし、よく聞いてみますと、これは後れた国の負け惜しみの言だったのかもしれません。あるいはまた、〝人間は、物だけでは幸福になれない〟という意見の例証として、多分に誇張されて使われていたフシがあるようです。いつの統計だったか失念いたしましたが、年寄りの男性の自殺は、一位のハンガリーから五位までが共産圏諸国であり、第六位が日本、そして第十位にスウェーデンという順序だということを聞いたことがあります。また年寄りの女性の自殺は、なんと日本が一番で、スウェーデンが二十番目ということをうかがって驚きました。ましてスウェーデンの場合は老人比率が世界でいちばん高いのに、自殺率が低いということは、やはり老人福祉の先進国であり、老人の生きがいに力を注いでいる証拠でもありましょう。

こうしたお話をうかがい、わたしは大いに考えさせられたのです。医学の進歩によって、人間の寿命はますます延びてまいります。したがって老人の数もまた、いちじるしい増加をみることは必定です。だからこそ老人ホームをどんどん建てなくてはならないという計画は、至極もっともなことでしょう。しかし、ただ老人ホームを建てる、建物の数をふやすというだけでは、もうダメというか後れている時代になっているのです。ということは、老人にも生きがいを感じさせるようなヒューマンな計画であってこそ、初めて真の福祉だという時代になっているのです。こういう点が、ただ物だけを追求してきた日本人の、これから考え直さなくてはならない点ではないでしょうか。

将来の社会は最適社会に

前述の加藤教授も、将来の社会は資本主義でもなければ共産主義でもない。いうなれば最適社会と呼べるような新しいものにしなければならない。そのような最適社会における社会保障とは、たんに人間が生きていくために必要な手当てをするということだけではなく、貨幣では表現できない人間の心の満足を約束するような社会保障でなければならないといわれていましたが、もっともなことと思います。したがって、最適社会とは真の福祉国家といってもいいわけですが、ただ注意すべきことは、福祉は国や政府がやってくれるものだといった考え方でなく、自らが創造するのだという認識が、とくに大切です。

ものすごい生産力の発展に支えられた産業社会のなかにあって、ともすれば機械化され易いわたしども人間は、いったいどうすれば生きがいをもった生活ができるのか、武力を使わずに平和をもたらすにはどうすればいいのか、といった大問題を抱えているわけです。ところが、それに応えるべき未来学にいちばん欠けているのは、社会と人間との相互関係だといわれています。言い替えれば、これからの社会において、人間はどのような心構えでなければならぬかという研究が、まだ十分ではないということでしょう。

増加する人口、さらには生活水準の向上によって人間の消費する物の数、その廃棄物の量は膨大なものとなります。いっぽう、交通事情もますます行き詰まり、道路建設のための税金は当然上がることでしょう。しかし、これからの社会において快適な生活を営もうとする場合、ただ政治だけに責任をおしつけていては、どうにもならない時代が必ずきます。これまでともすると、少しでも社会生活の不便さを感じると政治がだらしないからだという文句のひと言で、比較的簡単にすませてきましたが、政治のルーズさだけに責任を転嫁していたのでは、解決されない時代がくるのです。つまり国民の一人ひとりが社会全体を考えた行為、そして秩序維持のための道徳的自覚を高めなくては、快適な社会生活はとても望めない時代になるのです。

このことは、わたしが宗教者だから申し上げることではなくて、多くの未来展望論の結論として指摘されていることです。いわゆる国民の一人びとりが倫理的に、道徳的に向上しないことには、最適社会が招来されるどころか、いまよりももっと住みにくい——一日中、不快にさせられ、イライラさせられる時代になってしまうことは必定です。そうした事態にならぬようにするためには、どうすればいいのでしょうか。

最適社会のための国づくりと人づくりを

まず考えられることは、最適社会のための国づくりであり、国づくりをするためには人づくりが肝要です。そして、人づくりの根本が教育にあることは申すまでもありません。その、いちばん肝要な教育の現状が、教師の面においても、親または家庭の面においても、さらに学生それ自体の面においても、けっして満足すべき状態であるとはいえません。わたしが家庭教育の重要性を強調し、明るい社会づくり運動の一環として教育懇談会というものの誕生を念願しているのも、そのためなのです。教育とは学校だけで行なうものなのでしょうか。そして卒業すれば教育というものは終わりなのでしょうか……。いや違います。真の教育は一生を通じて行なわれるべきものです。いわゆる生涯《しょうがい》教育によって人間は人間として、より向上することができるのですし、それがあってこそ、社会もまた進歩するのです。

法座は生涯教育の場

しかし、いまの日本には、そのような生涯教育の機関も、場所もないというのが現状です。有識者は、それを嘆いていますが、とんでもないことです。学校を卒業した青年にとって、婦人にとって、壮年にとって、その生涯教育の場こそ法座にほかなりませんし、また、それだけに、法座の内容の充実が何よりも必要なのです。このように見てきますと、日ごろの皆さんがされている導き活動、法座修行そのものが、明るい社会づくり、最適社会への条件づくりなのだということがわかって頂けると思うのです。

節約運動の徹底

〝明るい社会〟のイメージはよくわかりました。ところで、明るい社会づくり運動や公害問題に関連することで、ごく身近な、なすべき活動がありましたら挙げていただけませんか。

皆さんに呼びかけたいことのひとつは、日常生活において〝物の殺生〟をしないことです。貪欲《とんよく》と浪費を慎むことです。ただ、それだけのことを実行しただけでも、自然を破壊から守り、公害を軽減し、国際的経済戦争を鎮《しず》め、ひいては物理的な戦争の勃発《ぼっぱつ》までも食い止める、はかりしれない効果があるものと信ずるからです。

かつて昭和三十六年に発刊した『人間らしく生きる』という本に、わたしは次のように書きました。

浪費という形式による、〈物〉の軽視の新しい習癖、これはアメリカが教えてくれつつあるものです。いくら物は豊かなほうがいいといって、これはゆき過ぎだ、と思います。少なくとも、〈物〉の生命を大切にしないということ、このまちがいだけはハッキリしています。

〈物〉にも、動植物とおなじように、生命があります。その生命を尊重し、その生命が完全に生かされるように使うことが大切です。わずか茶碗《ちゃわん》一杯のご飯でも、残っているのを忘れて腐らせ、捨ててしまったのでは、やはり〈物の殺生〉です。

ところが、アメリカ的な生活様式が滔々《とうとう》と流れ込んでくるにつれて、そのよい点だけでなく、浪費癖という悪い面までも真似る人が出てきているように思われます。今後、日本がどんな豊かな国になっても、そして、どんなに〈物〉を豊かに消費できるようになっても、ムダに使うようにはなりたくないと思います。

これが十一年前に書いた文章です。では十一年経った今日、いったいどうなっているでしょうか。説明するまでもなく、皆さんの目前に広がっている事態のとおりです。それは、なぜでしょうか。これを、ただの文章として読み過ごし、実行されなかったからです。もちろん、個人としては実行してくださった人もあるでしょうが、マス（集団）の力として、それを社会的に盛り上げることがなかったからです。

ところが、大量生産と大量消費を教えてくれたアメリカでは、現在どうなっているでしょうか。ニューヨーク市のリンゼー市長を支援する市民組織「環境問題審議会」は、昨年の春、「ニューヨーク・タイムズ」紙に特別広告を出し、市民に「敵は、われわれ自身だ」「環境を守るために立ち上がろう」と訴えました。それが、けっして観念的なものでなく、まったく日常生活に密着したものであるのに、わたしは驚きもし、感心もしたのでした。これは、わが日本人にとっても喫緊《きっきん》の大事です。

先ごろ、わたしと前後してアメリカへ旅行した人の話によりますと、ニューヨーク市の郊外に住む、知人の子息の奥さん（アメリカ人）は、庭に天水をため、家族全員、バスは絶対に使わずシャワーだけで我慢していたそうです。また、マンハッタンのアパートに住む末の娘さんが、たまたま電燈を消し忘れて外出したところ、大家さんの厳重な置き手紙がドアの下に差し込んであったということです。ニューヨークでは、すでにこのような運動が着々と実行されつつあるのです。

このような生活のしかたにおいては、日本人のほうがはるかに先輩のはずです。わたしたちも幼いころから、「ご飯一粒でもこぼすと、目が潰《つぶ》れる」とか、「塵《ちり》も積もれば山となる」とか教えられたものです。それは、たんに勤倹・節約のためばかりでなく、仏教の不殺生の思想からきたもののように思われます。

自覚した者から立ち上がろう

食事をするときに手を合わせて拝むのは、「米よ、野菜よ、魚よ、わたしの生命をつなぐために、あなた方が生命を絶ってくれた。ありがたく、また申しわけないことです。どうか成仏してください」という感謝と供養の心をこめて、そのいのちを拝むのです。ましてや、少しでもムダにして、それらのいのちを犬死にさせるのは、じつに「もったいない」ことなのです。この「もったいない」という気持ち、「もったいない」という言葉をこそ、われわれ日本人は取りもどさなければならないと思います。そして自覚した人から立ち上がり、大勢の人たちに集団の力で及ぼしてゆくべきだと思います。

全会員の力を結集して

宗教協力が宗教者の平和運動の基礎になることを、いろいろうかがいましたが、教会や支部の活動で実践するうえでの心構えを最後におうかがいしたいと思います。

いつもわたしが申しますように、宗教者の使命は人と人との間の隔壁《かくへき》を取り除くこと、いや取り除くだけではなく、そこに橋をかけるということです。もっと大きく言いますと、国と国との間に存在する壁を取り除くことが、いまや宗教者の一大使命となっています。この表現は、いかにもオーバーなものに聞こえるかもしれません。政治・外交、とくに国連をもってしても、なかなかできない国と国との間の隔壁を取り除き、あまつさえ理解と協力の橋をかけるなどということは、宗教者としてまことに僭越《せんえつ》な言い方かもしれません。しかし、宗教者であればこそ、それが可能だとわたしは思うのです。

皆さんは、スペインの宣教師フランシスコ・ザビエルの名前を、よくご存知のことと思います。ザビエルは四百年以上も前に、キリスト教を伝えるために初めて日本へ渡来しています。もともと富裕な名門の家に生まれたザビエルは、宣教師になろうなどという気持ちは毛頭もっていなかったそうですが、青年時代にパリ大学でイエズス会の創立者イグナティウス・ロヨラ（スペインの宗教家）に教化され、強い宗教的覚醒《かくせい》をうながされたのが、宗教に身を投じる始まりだったということです。そのザビエルが心中に誓ったことは、スペイン、ポルトガルが海外に築きつつある政治的帝国を精神的王国に転じさせなければならない、ということだったといいます。このような大きな目的を懐いてザビエルは三十歳のときにリスボンを出発し、インドで布教をした後、日本の鹿児島に上陸したときは、すでに四十三歳になっていたということです。上陸以来四十日にして片言の日本語を話すようになったというのですから、たいへんな努力家だったのでしょう。汚れた衣服に素足、夜になれば一枚のゴザの上に眠り、食べ慣れない粗末な食事にさえ感謝するという生活だったといいます。そのような不便な生活のなかで、ザビエルは数多くの人をキリスト教徒にしておりますが、わずかの間にザビエルの髪は白くなってしまったというのですから、大した苦労だったと察しられます。

さて、ザビエルについて、わたしがわざわざ紹介するのはほかでもありません。ザビエルが東洋征服の食指を伸ばそうとしていたスペイン国王に、日本を攻撃することはやめるべきである――という進言をしたという一事です。その理由としてザビエルは、日本人がいかなる艦隊も恐れないこと、武器を手に入れることに熱中していてスペイン人を皆殺しにする可能性があることなどを挙げ、日本征服のために出航することを断念するように意見を述べているのです。当時、飛ぶ鳥を落とす勢いであったスペイン国王に向かってそう進言しているのです。その結果、とにもかくにも混乱していた戦国時代の日本に外敵侵入の危険をもたらさなかった点を高く評価したいのです。これは京都大学の市村真一教授の『現代をどうとらえるか』(講談社)という著書で拝見したものですが、同教授はザビエルについて書かれた動機について、次のように言っておられます。

「いま、この聖徒の物語を長々と書いたのはほかでもない。宗教の力の根本は、実に、この人の魂を揺り動かし、一波万波を呼んでいく感応の力であることを知ってもらいたいからである」と。それがまた、わたしがここにその文章を引用させて頂いた最大の理由でもあるのです。

さて皆さん、四百年前には、ザビエル一人の進言でスペイン国王の心を揺り動かすことができたかもしれませんが、今日における国と国とのかかわり合いは、はるかに密接で、複雑になっています。また、一人の国王の心を動かすだけでは、どうにもならないほどの政治機構に変質しています。このような現代において、宗教者は、とくに一国、一民族だけに通用するような偏狭な愛を説いていてはならないのです。世界中の宗教者が互いに力を合わせて全人類的な愛を説く。これこそが宗教者の説くべき愛であり、慈悲でなければならないと思います。このような観点に立って世界の宗教界をながめたとき、その姿は、けっしてわたしの満足できるものではありません。個々それぞれに愛と慈悲を熱心に語りはしていても、各宗教の間に偏見と排他の壁があったことは事実です。平和は、たんなる掛け声やスローガンであってはなりません。

まず、宗教と宗教の間の壁を打ち破らなければならない。そして、語り合いの中で理解し合わねばならない。理解し合えば必ず友情と協力の橋ができるにちがいない。だからこそ、偏見と排他と、誤解の壁を取り除くために宗教者は同じ一つのテーブルにつかなくてはならない——言葉にしてみれば簡単なことですが、これが京都会議の実現をめざすわたしの根本の発想であったのです。このことをせずに、どうして世界中の宗教者が現代のザビエルとして力を発揮し、平和を招来することができるでしょうか。

集団の底力を活用しよう

四百万会員の皆さん、皆さんも打って一丸となり、怒濤《どとう》のようなエネルギーを世間の人びとに感じさせるまでに力強い活動を展開して頂きたいと思います。これほど大きな集団でありながら、その底力を活用しないということは、何にもまして〝もったいない〟ことです。どうか〈心〉から展開される平和の面においても、〈形〉から推し進める平和の活動においても、あるいは地道な生活改革運動においても、一丸となり、その集団の力をフルに発揮して頂きたいものです。それは必ず日本の運命を変え、世界の歴史を動かすものになると思うのです。

いまや世界平和は人類の最終目標であるというよりも、むしろ、わたしども人間家族が二十一世紀に向かって生存しうるための必須《ひっす》の条件だといってもいいのではないでしょうか。平和活動は庭野の道楽だとか、PRだとか、ムダなことをしているといわれることもありますが、そのような甘い考えだけで世界を飛び回ることが果たしてできましょうか。また、わたし独りの力ぐらいで、どうして影響力のある活動ができるでしょうか。京都での世界会議を開くまでに、わたしは世界中の多くの宗教者と個別に語り合う機会をもちましたが、そのすべての人たちが熱意をもって平和を築くための意見を述べるのに接し、これを結集しなければならない——と、わたしは強く思ったのでした。

何の取り柄もないわたしですが、ただ、わたしにもできることは全宗教者の善意と力を一点に結集するための橋渡し役として走り使いをさせて頂くことです。しかし、わたしがそうして世界中を飛び回ることができますのも、立正佼成会のみなさま方の暖かいご支持のお陰さまであり、日本を初めとする世界中の理解ある宗教者の協力の賜物以外のなにものでもありません。現在、平和のための活動として二つの意見があるといえましょう。一つは、危機が迫っている今日、個々の人を救っていては間に合わないのではないか。戦争が始まったら個人の幸福などは吹き飛んでしまうのだから、宗教者は、いまこそ世界の平和のために立ち上がるべきだとする意見です。いま一つは、自分の心、自分の家庭、自分と他人との交わりも円満にできない者が、世界平和といった大きな問題を口にするのはナンセンスである。やはり、あくまでも個人の心の平和から始めるべきだ、という意見です。

この問題は、いずれが正しいかということではなくて、どうしても両方を並行して推し進めなければならない大切な問題であると思うのです。会員のみなさま方の、日々のたゆまぬ菩薩行、仏法の生活化への努力、そうした積み重ねの上に、わたしもまた世界の宗教者とともに活動することができているわけです。つまり、会員のみなさま方とわたしが心を一つにして、個々の場、社会や世界の場において小寂光土《じゃっこうど》建設の意気ごみと使命感を忘れずに努力していくなかに、平和は徐々にその姿を現わしてくるのだ——と、わたしは確信しております。

庭野日敬（にわの　にっきょう）
一九〇六年、新潟県に生まれる。立正佼成会開祖。長年にわたり宗教協力を提唱し、新日本宗教団体連合会理事長、世界宗教者平和会議国際委員会会長などをつとめる。一九九九年、入寂。著書に、『新釈法華三部経』（全十巻）『法華経の新しい解釈』『瀉瓶無遺』『人生、心がけ』『この道』など多数。

いのちの文化を発信する

Kosei shuppan

平和への道

昭和四十七年五月　三　日　初版第一刷発行
平成　十六　年一月　十五　日　新版第一刷発行
平成　十九　年六月二十一日　新版第三刷発行

著　者　庭野日敬
発行者　横田幸雄
発行所　佼成出版社
〒一六六‐八五三五
東京都杉並区和田二の七の一
電話〇三（五三八五）二三一七（出版部）
〇三（五三八五）二三二三（営業部）
印刷所　錦明印刷株式会社
製本所　株式会社若林製本工場

URL http://www.kosei-shuppan.co.jp/